Español Mundial 1

Sol Garson and Barbara Hill

HODDER AND STOUGHTON
LONDON SYDNEY AUCKLAND TORONTO

ACKNOWLEDGMENTS

The authors would like to thank the following for advice on the text: Ana Montoto, Instituto Joaquin Turina, Madrid; Maribel Pineda, Escuela Oficial de Idiomas, Madrid; and Mabel Lence, Colegio Los Sauces, La Moraleja, Madrid. They would also like to thank Martin Spafford, NWCS, for the photos of Nicaragua, and Kaggi and Tina Valentine for advice on the text.

The authors and publishers would like to thank the following for permission to reproduce photographs in this book: The Spanish National Tourist Office for the photographs on pages 5 and 10; Topham Picture Library for photographs on pages 10, 11, 69, 92, 93, 97 and 106; Robert Harding Picture Library for the photograph on page 91. All other photographs were provided by courtesy of the authors.

ISBN 0 340 39094 8

First published 1987

Printed in Great Britain for Hodder and Stoughton Educational, a division of Hodder and Stoughton Ltd, Mill Road, Dunton Green, Sevenoaks, Kent, by Butler & Tanner Ltd, Frome, Somerset

Classroom vocabulary

la asignatura/materia – *subject*
la cartera/el portafolios/la carpeta – *folder*
la bolsa – *bag*
el estuche – *pencil case*
el bolígrafo – *biro, pen*
el lápiz/los lápices – *pencil/pencils*
el rotulador – *felt-tip pen*
la goma – *rubber*
los lápices de colores – *coloured pencils*
el cuaderno – *exercise book*
la carpeta de anillas – *ring binder*
la pizarra – *blackboard*
el tablón de anuncios – *noticeboard*
el poster – *poster*
la estantería/librería – *bookcase*
el armario – *cupboard*
la percha – *coat hook, coat hanger*
la mesa del profesor – *teacher's table*
el libro/texto – *book, coursebook*
la regla – *ruler*
la tiza – *chalk*
la silla – *chair*
la mesa – *table*
el pupitre – *pupil's desk*
el horario de clases – *timetable*
el/la director/a – *headmaster/headmistress*
el/la delegado/a – *class representative*
el/la profesor/a de . . . – *the (subject) teacher*
ausentarse – *to play truant*
las notas – *grades*
sobresaliente – *excellent*
notable – *very good*
bien – *good*
suficiente – *fairly good*
insuficiente – *poor*
muy deficiente – *very poor*

Classroom Instructions

¡abre/abrid la ventana/la puerta! – *open the window/door*
¡cierra/cerrad la ventana/la puerta! – *shut the window/door*
¡enciende la luz! – *put on the light (singular)*
¡apaga la luz! – *switch off the light (singular)*
¡ven aquí/venid aquí! – *come here*

¡siéntate/sentaos! – *sit down*
¡levántate/levantaos! – *stand up*
¡levanta/d la mano! – *raise your hand*
¡baja/d la mano! – *put your hand down*
¡entra/d! – *come in*
¡escucha/d atentamente! – *listen carefully*
¡repite/repetid! – *repeat*
¡otra vez! – *again*
¡todos juntos! – *all together*
¡mira/d hacia adelante! – *face the front*
¡mira/d la pizarra! – *look at the blackboard*
¡quieto/s! – *be still*
¡silencio! – *be quiet*
¡presta/d atención! – *pay attention*
correcto/acertado – *correct*
muy/bien – *very/good*
¿Qué pasa? – *what's going on?*

Classroom Instructions and Expressions

pasar lista – *to call the register*
¿quién falta? – *who is not here?*
falta . . . – *. . . is not here*
presente – *present*
no está – *. . . is not here*
¿por qué has llegado tarde? – *why have you arrived late?*
¿por qué no viniste ayer? – *why did you not come yesterday?*
¡no hagas/hagáis ruido! – *stop making a noise*
¡cállate/callaos! – *shut up!*
¿por qué no te/**os** callas/call**áis**? – *why don't you shut up?*
¡no hables/habléis con tu/vuestro compañero! – *don't speak to the person beside you*
¡saca/d los libros! – *take out your books*
¡levanta/d la mano si tienes/tenéis alguna pregunta! – *raise your hand if you have a question*
¡levantad la mano los que no tengáis papel! – *raise your hands those who have no paper*
¿quién no ha hecho los deberes? – *who has not done their homework?*
¡para mañana tenéis que hacer el ejercicio . . . de la página . . .! – *for tomorrow you must do exercise . . . on page . . .!*
de deberes tenéis que hacer . . . . – *for homework you must . . .*
vamos a escuchar la cinta/el cassette – *we are going to listen to the tape*
ahora voy a repartir . . . – *now I'm going to give out . . .*
¡pon/ed el nombre! – *put down your first name*
¡escribe/escribid el apellido! – *put down your surname*
¡rellena los datos! – *fill in the details*
en mayúsculas – *in capital letters*
¡abre/abrid los libros por la página . . .! – *open your books on page . . .*
¡mira/d las instrucciones de la página . . .! – *look at the instructions on page . . .!*
¡lee/leed atentamente! – *read carefully*
¡haz/haced el ejercicio en silencio! – *do the exercise in silence*
podéis hacer el ejercicio con vuestro compañero/en grupos – *you can do the exercise with your partner/in groups*

vamos a trabajar en grupos de . . . personas — *we are going to work in groups of . . .*

de dos en dos/en parejas — *in pairs*

de tres en tres — *in threes*

¡contesta/d las preguntas! — *answer the questions!*

¡contesta/d la pregunta nº . . .! — *answer question number . . .*

¡sal/salid a la pizarra! — *come up to the blackboard!*

¡lee/leed el 1er párrafo! — *read the first paragraph*

hacer el papel de médico — *play the part of a doctor*

hacer de policía — *play the part of a policeman*

los role-plays — *role-plays*

tener un examen — *to have an examination*

fijar la fecha del examen — *to set the date for an examination*

aprobar el examen — *to pass the examination*

suspender el examen — *to fail the examination*

hacer bien/mal el examen de . . . — *to do well/badly in the . . . exam*

examinarse — *to take an examination*

portarse bien/mal — *to behave well/badly*

¿quién sabe la respuesta? — *who knows the answer?*

¿quién quiere contestar? — *who wants to answer?*

¿en qué curso estás? — *what year are you in?*

estoy en 1º de . . . — *I'm in the first year of . . .*

¿dónde tenemos la clase de . . .? — *where is the . . . class?*

en la clase pequeña del 2º piso — *in the small room on the second floor*

en el aula 203 — *in room 203 (NB las aulas)*

¿qué clase tenemos ahora? — *which class do we have now?*

¿qué clase toca ahora? — *which class do we have now? (slang)*

tenemos . . . — *we have . . .*

Glossary of Instructions

a − *to, towards*
adecuado/a − *right, appropriate*
el adjetivo − *adjective*
¿adónde? − *where to?*
ahora − *now*
apto/a − *apt, appropriate*
aprende − *learn*
aquí − *here*
de arriba − *from above*
así que − *therefore*
atentamente − *carefully*
aural − *aural*
con la ayuda de . . . − *with the help of . . .*

busca − *look for*

casi − *almost*
las cifras − *figures*
la cinta − *tape*
comienza − *begin*
¿cómo? − *how?*
completo/a − *complete*
la comprensión − *comprehension*
contesta − *answer*
la contestación − *the answer*
continúa − *continue*
la conversación − *conversation*
correctamente − *correctly*
correcto/a − *correct (adjective)*
corrige − *correct (instruction)*
el cuaderno − *exercise book*
¿cuál? − *which one?*
¿cuáles son? − *which are?*
¿cuántos son? − *how many are . . ./what is the sum of . .?*
cuenta de . . . al . . . − *count from . . . to . . .*
cuidado con . . . − *careful with . . .*

decide − *decide*
la definición − *definition*
describe − *describe*
la descripción − *description*
el diálogo − *dialogue*
el dibujo − *drawing, illustration*
dice − *he/she says*
dicen − *they say*

diferente − *different*
divide − *divide*

el ejemplo − *example*
el ejercicio − *exercise*
elige − *choose*
empareja − *pair up*
en forma de . . . − *in the form of . . .*
en español − *in Spanish*
entra − *he/she enters*
escoge − *choose*
escondido/a − *hidden*
escribe − *write*
escrito/a − *written*
escucha − *listen*
estamos describiendo − *we are describing*
están describiendo − *they are describing*
explica − *explain*
la expresión − *expression*

falso/a − *wrong, false*
femenino/a − *feminine*
forma − *make, form*
la frase − *sentence*

la historia − *story*

el infinitivo − *infinitive*
irregular − *irregular*

lee − *read*
la letra − *letter (of the alphabet)*
la lista − *list*

masculino/a − *masculine*
mira − *look*

o − *or*
oral − *oral*
oralmente − *orally*
en el orden correcto − *in the correct order*

la palabra − *word*
la pareja − *pair*
la parte − *part*

pero – *but*
pertenece – *he/she/it belongs*
el plural – *plural*
posible – *possible*
la pregunta – *the question*
pregunta – *ask, question*
el pretérito – *the preterite (past tense)*
probable – *probable*

¿qué dice? – *what does he/she say?*
¿qué hora es? – *what time is it?*
¿qué tiempo hace? – *what is the weather like?*
¿quién dice? – *who says?*
¿quiénes dicen? – *which ones say?*
¿quién está pensando? – *who is thinking?*
¿quién piensa? – *who thinks?*
¿quiénes piensan? – *who thinks (pl)?*

recuerda – *remember*

rellena – *fill in*
el repaso – *revision*
la respuesta – *answer, reply*
el resumen – *summary*
el rompecabezas – *puzzle*

siguiente – *following*
singular – *singular*
la solución – *solution*
lo subrayado – *the underlined*
sugerido – *suggested*

también – *also*
el total – *total*

utiliza – *use*
utilizando – *using*

el verbo – *verb*
verdadero/a – *true*
la versión – *version*

CONTENTS

A ¿Cómo te llamas?

¿Cómo te llamas?

Me llamo Carlos.

¿Cómo te llamas?

Me llamo Isabel.

Buenos días.
¿Cómo te llamas?

Me llamo Ahmed.

¿Cómo te llamas?

Me llamo David.

¡Hola! ¿Cómo te llamas?

Me llamo Teresa.

¿Cómo te llamas?

Me llamo María.

¿Te llamas Steve?

Sí, me llamo Steve.

¿Te llamas David?

No, me llamo Steve.

¿Te llamas David?

No, no me llamo David.

¿Cómo se llama?

Se llama Steve.

UNO

¿Cómo se llama?

¿Cómo se llama?

Se llama David.

Se llama María.

B *¿Cómo estás?*

Carlos, ¿cómo estás?

Muy bien, gracias.

Isabel, ¿cómo estás?	Bien, gracias.
¿Cómo estás Ahmed?	Muy bien, gracias.
¡Hola! ¿Cómo estás David?	Muy bien.
Teresa, ¿estás bien?	Sí, muy bien, gracias.
Y tú María, ¿estás bien?	Sí, sí, muy bien.

Papá, ¿cómo estás?

Mal, muy mal.

Mamá, ¿cómo estás?

Regular, regular.

¡Hola! ¿Estás bien?

UNO

📼 C Números

Carlos, ¡cuenta del uno al tres!
 uno, dos, tres.
Isabel, ¡cuenta del uno al seis!
 uno, dos, tres, cuatro, cinco, seis.
Ahmed, ¡cuenta del uno al diez!
 uno, dos, tres, cuatro, cinco, seis, siete, ocho, nueve, diez.
David, ¡cuenta del uno al quince!
 uno, dos, tres, cuatro, cinco, seis, siete, ocho, nueve, diez, once, doce, trece, catorce, quince.
Teresa, ¡cuenta del diez al quince!
 diez, once, doce, trece, catorce, quince.
María, ¡cuenta del quince al veinte.
 quince, dieciséis, diecisiete, dieciocho, diecinueve, veinte.

📼 D Edades

¿Cuántos años tienes, Carlos?

Tengo doce años.

Isabel, ¿cuántos años tienes?

Tengo dieciséis años.

¿Cuántos años tienes, Ahmed?

Tengo quince años.

David, ¿cuántos años tienes?

Tengo diecinueve años.

¿Cuántos años tienes, Teresa?

Tengo trece años.

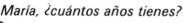

María, ¿cuántos años tienes?

Tengo veinte años.

Steve, ¿cuántos años tienes?

Tengo dieciséis años

UNO

Ahmed, ¿tienes catorce años?	No, no tengo catorce años, tengo quince.
Ahmed, ¿tienes catorce años?	No, tengo quince años.
Ahmed, ¿tienes catorce años?	No, tengo quince.
¿Tienes diecinueve años, Teresa?	No, no tengo diecinueve años, tengo trece.
¿Tienes diecinueve años, Teresa?	No, tengo trece años.
¿Tienes diecinueve años, Teresa?	No, tengo trece.
¿Ahmed tiene dieciséis años?	No, tiene quince.
¿David tiene nueve años?	No, tiene diecinueve.
¿Teresa tiene ocho años?	No, tiene trece.

ORAL

LIBRO DE EJERCICIOS   UNO   A, B, C.

España

📖 Carlos

¡Hola! Me llamo
Carlos Salinas.
Tengo doce años y
vivo en Zaragoza con
mi familia: mis padres
y mi hermana Isabel.

Tengo un tío en Sevilla,

dos tías en Granada,

una abuela en Córdoba,

un abuelo y una abuela
en Perú,

E *Escribe* **verdadero** o **falso**.

1 Carlos tiene doce años.
2 Tiene dos hermanas.
3 Tiene una abuela en Zaragoza.
4 No tiene amigos en Málaga.
5 No tiene tías en Sevilla.

y dos amigos en Málaga,
en la costa, en el sol.

5

UNO

APRENDE 1

Masculino un tío – dos tíos – un hermano – tres hermanos
Femenino una tía – dos tías – una hermana – tres hermanas.

F *Escribe **un** o **una**.*

Ejemplo tío – un tío
       tía – una tía

1 amigo 2 amiga 3 abuela 4 abuelo. 5 padre 6 hermano
7 hermana 8 madre.

APRENDE 2

mi tío – mis tíos   mi tía – mis tías
mi abuelo – mis abuelos   mi abuela – mis abuelas

Pero
mi padre y mi madre – mis padres
mi hermano y mi hermana – mis hermanos
mi abuelo y mi abuela – mis abuelos

G *Escribe **mi** o **mis**.*

Ejemplo tío – mi tío
       tías – mis tías

1 abuela 2 amigos 3 hermanas 4 hermano 5 madre 6 padres
7 padre 8 amiga

H *Preguntas a Carlos.*

Ejemplo Carlos, ¿tienes hermanas?
       Sí, tengo una hermana.

1 ¿Tienes tíos en Sevilla?
2 ¿Tienes tías?
3 ¿Tienes nueve años?
4 ¿Tienes abuelos?
5 ¿Tienes amigos en Málaga?

UNO

I *Escribe*

Ejemplo 5 (hermano) = cinco hermanos
1 4 (tío) **2** 6 (tía) **3** 11 (amigo) **4** 3 (costa) **5** 17 (año) **6** 5 (amiga)
7 2 (abuela) **8** 20 (amigo)

> **LIBRO DE EJERCICIOS** UNO D & E

APRENDE 3

a ¿Dónde vives? – Vivo en Nueva York.
　¿Dónde vives? – Vivo en España.
b ¿Vives en Madrid? – Sí, vivo en Madrid.
c ¿Vives en Hamburgo? – No, vivo en Berlín.
　¿Vives en Hamburgo? – No, no vivo en Hamburgo, vivo en Berlín.

J *¿Cuáles son las contestaciones correctas de Carlos?*

Ejemplo ¿Cómo te llamas?
a Me llamo Carlos. **b** Me llamo María.

Escucha y escoge
1 a Me llamo Carlos.   **b** Me llamo Teresa.
2 a Muy bien, gracias.   **b** Sí, muy mal,
3 a No, muy bien gracias.   **b** Sí, muy bien.
4 a Sí, tengo once años.   **b** Sí.
5 a Sí, tengo 16 años.   **b** Sí, tiene 16 años.
6 a No, vivo en Zaragoza.   **b** Sí, vivo en Nueva York.
7 a Sí, vivo con mis padres.   **b** Sí.
8 a Uno, dos, tres, cuatro, cinco, seis. **b** Dos, tres, cuatro, cinco, seis.

K *Oral/Escrito*

Contesta
1 ¿Cómo te llamas?
2 ¿Cómo estás?
3 ¿Cuántos años tienes?
4 ¿Dónde vives?
5 ¿Te llamas Miguel?
6 ¿Estás bien?
7 ¿Tienes ocho años?
8 ¿Vives en Nueva York?

APRENDE 4
Estar

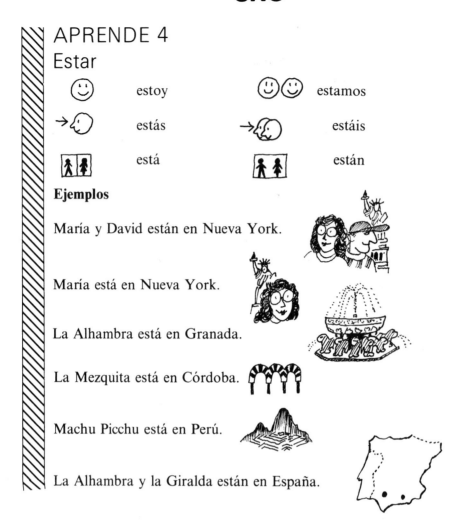

☺	estoy	☺☺	estamos
→☺	estás	→☺☺	estáis
👫	está	👫	están

Ejemplos

María y David están en Nueva York.

María está en Nueva York.

La Alhambra está en Granada.

La Mezquita está en Córdoba.

Machu Picchu está en Perú.

La Alhambra y la Giralda están en España.

L *Contesta las preguntas utilizando* **está** *o* **están.**

1 ¿Dónde está la Giralda?
2 ¿Dónde están la Alhambra y la Mezquita?
3 ¿Dónde está Carlos?
4 ¿Está Machu Picchu en España?
5 ¿La Giralda y la Alhambra están en Perú?
6 ¿Está Carlos en Zaragoza?
7 ¿Dónde está Málaga?
8 ¿Dónde están los Salinas?

Santa Iglesia Catedral de Córdoba

LICENCIA № 003098
para uso de
MAQUINAS FOTOGRAFICAS
sin dispositivos especiales
Donativo: 15 ptas.

UNO

M *Rellena con* **estar.**

Ejemplo ☺☺ _____ en Málaga – Estamos en Málaga.

1 ☺ _____ en Zaragoza.

2 →☹ _____ en Málaga.

3 →☹☹ _____ en Nueva York.

4 ☺☺ _____ en Zaragoza.

5 Carlos _____ en España.

6 La Giralda _____ en Sevilla.

7 Isabel y Carlos _____ en Zaragoza.

8 Madrid _____ en España.

LIBRO DE EJERCICIOS UNO F, G, H

Rompecabezas

1 Me llamo David. Tengo un hermano y dos hermanas y vivo con mi madre. Mi madre tiene un hermano, Harry, y una hermana, Rebecca. La madre de mi tío Harry se llama Clara.

a ¿Cómo se llama mi abuela?
b ¿Cómo se llama mi tía?

Mi hermano Daniel tiene nueve años. Yo tengo diecinueve y mis hermanas Miriam y Nicole dieciséis.

Escribe **verdadero** *o* **falso.**

c Nicole tiene dos hermanos.
d David tiene diecinueve años.
e Daniel tiene tres hermanas.
f David no tiene abuela.

2 *Escribe en el orden correcto.*

a ¿te cómo llamas?
b en vivo Zaragoza.
c hermanos tres tengo.
d no años tengo once.
e en costa están la mis amigos.
f mi tiene hermanos padre no.
g ¿tienes años cuántos?
h abuelo y tengo en un una Perú abuela.

3 *Rellena*

Z _ r _ g _ z _ .   N _ ev _ Y _ rk.
Es _ a _ a.   P _ _ ú.   Gr _ n _ _ a.
Có _ _ _ ba.   Se _ _ l _ .   _ ál _ _ a.
H _ mb _ _ g _ .   E _ C _ _ ro.

4 *Corrige los totales.*

  a Ocho y ocho son diecisiete.
  b Seis y tres son ocho.
  c Cinco y once y tres son trece.
  d Seis y siete son diecinueve.
  e Nueve y cinco y tres son diecisáis.

APRENDE 5

—¿Te gusta?   —Sí, me gusta.
    —No, no me gusta.

—Carlos, ¿te gusta Nueva York?   —Sí, me gusta Nueva York.
—Isabel, ¿te gusta Nueva York?   —No, no me gusta.
—Ahmed, ¿te gusta Colombia?   —Sí, me gusta Colombia.
—David, ¿te gusta España?   —Bueno, me gusta Madrid, pero no me gusta Barcelona.

—Steve, ¿te gusta Isabel?   —Sí, me gusta mucho.
—Isabel, ¿te gusta Carlos?   —No, no me gusta Carlos.
—María, ¿no te gusta el vino?   —No, no me gusta.
—Teresa, ¿no te gusta el café?   —Sí, me gusta mucho.

A *Contesta*

1 ¿Te gusta el profesor?
2 ¿Te gusta el chocolate?
3 ¿Te gusta el vino?
4 ¿Te gusta el café?
5 ¿No te gusta el té?
6 ¿Te gusta el tenis?

Isabel

¡Hola! Me llamo Isabel. Tengo quince años y también vivo en Zaragoza con mis padres y con mi hermano, el horrible Carlos. Tengo tías en Granada, pero no me gusta Granada. Tengo un tío en Sevilla, pero no me gusta Sevilla. No me gusta Córdoba, no me gusta la costa, no me gusta el sur de España. Me gusta Barcelona, también Salamanca y me gusta Madrid mucho

porque mi amigo Eduardo está allí.

Odio el sur de España, me gusta el norte y adoro el centro, la capital, Madrid . . . . Eduardo.
Quiero mis vacaciones en Madrid y no en el sur.

B *Oral/Escrito*

¡ Me gusta o no me gusta!
¿ Qué dice Isabel?

Ejemplo Córdoba – No me gusta Córdoba.

1 Granada. 2 Sevilla. 3 Córdoba. 4 la costa.
5 el sur de España. 6 Barcelona. 7 Salamanca. 8 Madrid.
9 el norte. 10 el centro. 11 Carlos. 12 Eduardo.

APRENDE 6
El – Los   La – Las

singular	*plural*
el herman**o**	*los* hermano**s** (+**s**)
la herman**a**	*las* hermana**s** (+**s**)
la madr**e**	*las* madre**s** (+**s**)

Pero

la capita**l**	*las* capital**es** (+**es**)
el profeso**r**	*los* profesor**es** (+**es**)

Así que

singular	*plural*
el –	**los**
la –	**las**
la madr**e**	las madre**s**
el amig**o**	los amigo**s**
la amig**a**	las amiga**s**
el pilot**o**	los piloto**s**
el seño**r**	los señor**es**

singular	*plural*
madr**e** –	madre**s** (+**s**)
herman**a** –	hermana**s** (+**s**)
herman**o** –	hermano**s** (+**s**)

Pero

pare**d** –	pared**es** (+**es**)
relo**j** –	reloj**es** (+**es**)
capita**l** –	capital**es** (+**es**)
tre**n** –	tren**es** (+**es**)
profeso**r** –	profesor**es** (+**es**)
re**y** –	rey**es** (+**es**)

C *Escribe en el plural*

1	la costa.	**2**	la abuela.	**3**	el presidente.
4	el hotel.	**5**	el tomate.	**6**	el aeropuerto.
7	el tren.	**8**	el hospital.	**9**	la oficina.
10	el teatro.	**11**	el elefante	**12**	el museo.

APRENDE 7

Me gust*a* **el** hotel
Pero Me gust*an* **los** hotel*es*
No me gust*a* **la** Alhambra
Pero No me gust*an* **las** capital*es*
¿Te gust*a* **el** café? – Sí, me gust*a*.
Pero ¿Te gust*an* **los** tomates? – No, no me gust*an* **los** tomate*s*.

D *Contesta*

1 ¿Te gustan los tomates?

2 ¿Te gustan los elefantes?

3 ¿Te gusta el teatro?

4 ¿Te gustan los deportes?

5 ¿Te gustan los museos?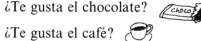

6 ¿Te gustan los hospitales? +

7 ¿Te gusta el chocolate? CHOCO

8 ¿Te gusta el café? ☕

¿Te gustan los leones?

ORAL

LIBRO DE EJERCICIOS DOS A, B, C, D, E, F

DOS

Rompecabezas

1 *Lee*

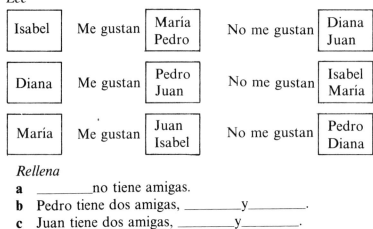

Isabel	Me gustan	María Pedro	No me gustan	Diana Juan
Diana	Me gustan	Pedro Juan	No me gustan	Isabel María
María	Me gustan	Juan Isabel	No me gustan	Pedro Diana

Rellena

a _____ no tiene amigas.

b Pedro tiene dos amigas, _____ y _____.

c Juan tiene dos amigas, _____ y _____.

2 Juan **no** vive en (el sur, el centro, el norte de España)

   a ¿Vive en Málaga?   **(sí** o **no)**

   b ¿Vive en Madrid?

   c ¿Vive en Bilbao?

   d ¿Vive en Valencia?

3 En 1989, Juan (4 letras = JUAN) tiene cuatro años. También tiene tres hermanas, María, Maribel y Mónica.

Rellena

   a _____ tiene cinco años.

   b Mónica tiene _____ años.

   c ¿Cuántos años tiene Maribel.

4 *Lee*

a

O	H	C
A	M	U
G	A	L
M	M	A
E	A	T
G	U	S

b

G	N	E
O	S	T
D	O	I

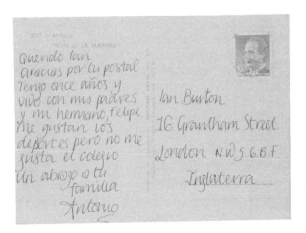

Querido Ian
Gracias por tu postal
Tengo once años y
vivo con mis padres
y mi hermano, Felipe
Me gustan los
deportes pero no me
gusta el colegio
Un abrazo a tu
familia
Antonio

Ian Burton
16 Grantham Street
London N.W.5.6.B.F.
Inglaterra

14

Las Vacaciones de la Familia

Carlos	—Mamá, ¿vamos a la Costa del Sol en agosto?
La Sra. de Salinas	—No, a la Costa del Sol, no. Hace mucho calor allí.

Carlos	—Sí, mamá, por favor, Málaga me gusta mucho.
Isabel	—No, mamá, vamos a Madrid, allí no hace calor.
La Sra. de Salinas	—Sí, hace calor, hace mucho calor. . . y. . . ¿por qué Madrid?
Carlos	—Porque Eduardo está en Madrid.

La Sra. de Salinas	—¿Quién? ¿Eduardo? No, a Madrid, no. Eduardo está loco.
Carlos	—Isabel también está loca.

(entra el Sr. Salinas)

El Sr. Salinas	—¿Qué pasa aquí? Vamos a Madrid. Allí hay muchos cafés, teatros, museos y parques.

Carlos	—Y también hay un chico muy especial, el amigo de Isabel.
El Sr. Salinas	—¿Quién? ¿Quién?
La Sra. de Salinas	—Eduardo, el amigo loco, el amigo guapo. No, a Madrid, no. ¡Nunca! ¡Ni hablar!

TRES

A ¿Quién dice? o ¿Quién piensa?

Contesta oralmente

Ejemplo «Quiero mis vacaciones en Madrid»
Respuesta Isabel

1 «Quiero mis vacaciones en la Costa del Sol»
2 «Hace mucho calor en la Costa del Sol»
3 «No hace calor en Madrid»
4 «Hace mucho calor en Madrid»
5 «Eduardo está loco»
6 «Isabel también está loca»
7 «Me gusta Madrid porque hay muchos parques»
8 «Adoro la capital»
9 «Me gusta Eduardo»
10 «¡A Madrid no vamos nunca!»

APRENDE 8

Carlos está content*o*.

El cajón está abiert*o*.

Carlos está enfadad*o*.

Carlos está enferm*o*.

Carlos está aburrid*o*.

El supermercado está abiert*o*.

El café está cerrad*o*.

Isabel está content*a*

La puerta está abiert*a*.

Isabel está enfadad*a*.

Isabel está enferm*a*.

Isabel está aburrid*a*.

La ventana está abiert*a*.

La carnicería está cerrad*a*.

B

Escribe

Ejemplo Mi hermano está (contento, contenta). – Mi hermano está content*o*.
1 Mi tía está (enfermo, enferma).
2 La ventana está (cerrado, cerrada).
3 Mi abuelo está (enfadado, enfadada).
4 Ahmed está (aburrido, aburrida).
5 El supermercado está (abierto, abierta).
6 La carnicería está (cerrado, cerrada).
7 Mi (padre, madre) está aburrida.
8 Mi (abuela, tío) está contento.

TRES

C *Describe*

Ejemplo El cajón está cerrado.

1
2
3
4

5
6
7
8

APRENDE 9

¿Cuántos chicos hay?

 hay un**o**   hay dos   hay much**os**

¿Cuántas chicas hay?

 hay un**a**   hay dos    hay much**as**

D *¿Cuántos? ¿Cuántas?*

Empareja los dibujos con las descripciones

1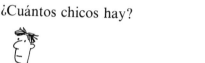
4
7

2
5 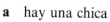
8

3
6
9

a hay una chica
b hay seis chicas
c hay seis chicos
d hay un parque
e hay un chico
f hay dos bares
g hay muchos chicos
h hay muchas chicas
i hay cinco chicas y cuatro chicos

LIBRO DE EJERCICIOS   TRES A, B, C

17

TRES

APRENDE 10

¿Qué tiempo hace?

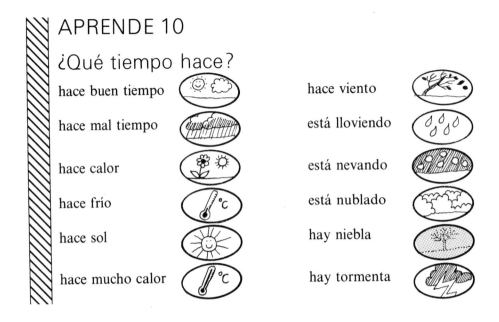

hace buen tiempo		hace viento	
hace mal tiempo		está lloviendo	
hace calor		está nevando	
hace frío		está nublado	
hace sol		hay niebla	
hace mucho calor		hay tormenta	

E *¿Qué tiempo hace en América Latina?*

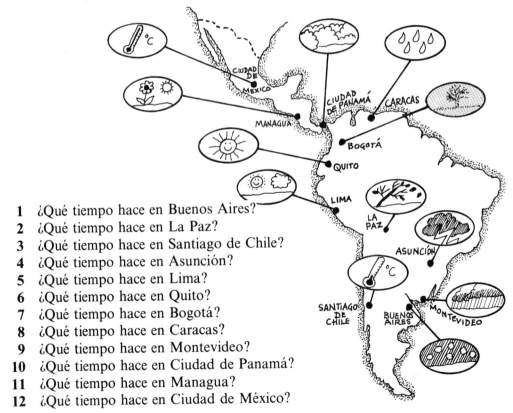

1 ¿Qué tiempo hace en Buenos Aires?
2 ¿Qué tiempo hace en La Paz?
3 ¿Qué tiempo hace en Santiago de Chile?
4 ¿Qué tiempo hace en Asunción?
5 ¿Qué tiempo hace en Lima?
6 ¿Qué tiempo hace en Quito?
7 ¿Qué tiempo hace en Bogotá?
8 ¿Qué tiempo hace en Caracas?
9 ¿Qué tiempo hace en Montevideo?
10 ¿Qué tiempo hace en Ciudad de Panamá?
11 ¿Qué tiempo hace en Managua?
12 ¿Qué tiempo hace en Ciudad de México?

APRENDE 11
Las estaciones del año

Números

20 – veinte	26 – veintiséis
21 – veintiuno	27 – veintisiete
22 – veintidós	28 – veintiocho
23 – veintitrés	29 – veintinueve
24 – veinticuatro	30 – treinta
25 – veinticinco	31 – treinta y uno

Los meses del año

enero	julio
febrero	agosto
marzo	septiembre
abril	octubre
mayo	noviembre
junio	diciembre

Carlos, ¿cuándo es tu cumpleaños? – El once de agosto.

TRES

F ¿Qué tiempo hace?

Ejemplo ¿Qué tiempo hace el 3 de enero? – El 3 de enero está nevando.

1 El 8 de febrero	**7** El 15 de agosto
2 El 4 de marzo	**8** El 2 de septiembre
3 El 11 de abril	**9** El 21 de octubre
4 El 7 de mayo	**10** El 30 de noviembre
5 El 20 de junio	**11** El 25 de diciembre
6 El 9 de julio	

G *Escucha y escribe*

Ejemplo ¿En enero en Moscú hace frío o calor? – **hace frío** o hace calor.

1 hace frío o hace buen tiempo
2 hace mucho calor o está nevando
3 hace calor o hace frío
4 hace mal tiempo o hace buen tiempo
5 hace calor o hace mucho frío

PLAZA DE TOROS DE LA REAL MAESTRANZA DE CABALLERIA

R O N D A

ACCESO A LA PLAZA Y VISITA AL MUSEO

50 Ptas.

Nº 00881

ORAL

LIBRO DE EJERCICIOS TRES D, E, F

TRES

Rompecabezas

1 En Barcelona hace mal tiempo. En Madrid hace sol. En Málaga hace mucho calor. Esteban está en casa porque está lloviendo. Su hermana, María, está de vacaciones.
 a ¿Dónde está Esteban?
 b María está en la playa. ¿Dónde?

2 Un mes tiene la letra **f**–
 Dos meses tienen la letra **c** –
 Tres meses no tienen la letra **o** –
 Cuatro meses tienen la letra **a** –
 Cinco meses tienen la letra **m** –
 Seis meses tienen la letra **i** –

3 *¿Cuál no pertenece?*

 a mayo, junio, contento, marzo.
 b ¿Por qué? ¿Quién? ¿Cuántos? ¿Verdad?
 c cajón, parque, bar, mercado.
 d primavera, otoño, verano, vacaciones.
 e cumpleaños, meses, año, día.

4 *¿Cuántos son?*

 a ¿Trece y trece menos veintiuno?
 b ¿Once y seis menos doce?
 c ¿Tres y dos y ocho menos tres menos cinco?
 d ¿Siete y catorce y seis menos once?
 e ¿Veintinueve menos catorce menos once?

San Sebastián, 2 de agosto

Querido Antonio
 ¿Qué tal? Una carta de San Sebastián el hotel está en la costa Hay una playa fantástica aquí Me gusta el norte de España pero no hace mucho calor ¿Qué tiempo hace en el sur?
 Un mes de vacaciones aquí y .... a Londres ¡donde está lloviendo!
 Escribe pronto
 Un abrazo de tu amigo
 Ian

APRENDE 12a
Números

20 – veinte	30 – treinta	50 – cincuenta
21 – veintiuno	31 – treinta y uno	51 – cincuenta y uno
22 – veintidós	32 – treinta y dos	57 – cincuenta y siete
23 – veintitrés	33 – treinta y tres	58 – cincuenta y ocho
24 – veinticuatro	40 – cuarenta	60 – sesenta
25 – veinticinco	42 – cuarenta y dos	61 – sesenta y uno
26 – veintiséis	45 – cuarenta y cinco	70 – setenta
27 – veintisiete	46 – cuarenta y seis	80 – ochenta
28 – veintiocho	48 – cuarenta y ocho	90 – noventa
29 – veintinueve	49 – cuarenta y nueve	100 – cien

102 – ciento dos   128 – ciento veintiocho   149 – ciento cuarenta y nueve

A Oral/Escrito

Ejemplo   124 – ciento veinticuatro
1 13   **2** 38   **3** 43   **4** 54   **5** 67   **6** 71   **7** 85   **8** 92   **9** 110
10 188   **11** 199   **12** 166   **13** ciento dieciocho   **14** quince
15 catorce   **16** cuarenta   **17** treinta y nueve   **18** doce
19 ciento noventa y tres   **20** treinta y cinco y medio   **21** trescientos
22 sesenta y siete   **23** setenta y seis

Ahora escucha los números y escribe las veinte cifras en tu cuaderno.

APRENDE 12b
Los días de la semana
lunes, martes, miércoles, jueves, viernes, sábado, domingo.

Octubre

L	Ma	Mi	J	V	S	D
				1	2	3
4	5	6	7	8	9	10
11	12	13	14	15	16	17
18	19	20	21	22	23	24
25	26	27	28	29	30	31

B *Oral/Escrito*

Contesta

Ejemplo ¿Qué día es el ocho de octubre? – El ocho de octubre es viernes.

1   ¿Qué día es el quince de octubre?
2   ¿Qué día es el treinta y uno de octubre?
3   ¿Qué día es el trece de octubre?
4   ¿Qué día es el tres de octubre?
5   ¿Qué día es el once de octubre?

APRENDE 12 c

¿Qué día **es hoy**? – **Hoy es** viernes.
¿Qué fecha **es hoy**? – **Hoy es** el uno de octubre.
¿Qué fecha **es hoy**? – **Hoy es** el primero de octubre.

LIBRO DE EJERCICIOS   CUATRO   A & B

Problemas en la Costa del Sol

Domingo 3 de agosto.

Carlos, Isabel y sus padres están en el Hotel Internacional en Marbella, en la Costa del Sol. Están en dos habitaciones

con cuarto de baño y balcón.

Son las diez de la noche. Isabel no está en la piscina

ni en el restaurante, ni en el jardín, ni en la discoteca…ni en el hotel, ni en Marbella. ¿Dónde está Isabel? De pronto…el teléfono…Isabel. Está en Madrid, con Eduardo, sin permiso de sus padres. Y Carlos, ¿dónde está?

Carlos está en la comisaría de Málaga con sus dos amigos y las treinta y ocho llaves de las habitaciones del Hotel Internacional. Y los padres ¿cómo están? – no muy contentos con la broma de Carlos.

La Sra. de Salinas está enferma. Está sentada al lado de la piscina y el Sr. Salinas está con los setenta y dos clientes del hotel en la recepción.

CUATRO

APRENDE 13

la discoteca – la llave **de la** discoteca

la carnicería – la llave **de la** carnicería

pero

el hotel – la llave **del** hotel

el restaurante – la llave **del** restaurante

las habitaciones – las llaves **de las** habitaciones

los hoteles – las llaves **de los** hoteles.

Carlos – la llave **de** Carlos

Sevilla – la catedral **de** Sevilla

Córdoba – la Mezquita **de** Córdoba

¡Hay un ladrón en tu casa!

No importa. Yo tengo la llave de la puerta.

C *Escribe ¿ verdadero o falso?*

1 Carlos y sus padres están en el Hotel Granada.
2 Isabel está en la piscina con Eduardo.
3 En el Hotel Internacional no hay balcones.
4 Eduardo no está en Marbella.
5 Isabel está en Madrid con permiso de sus padres.
6 Carlos no está en el hotel.
7 Los dos amigos de Carlos están en Málaga.
8 La madre de Carlos está contenta.
9 El padre de Carlos no está enfadado.
10 Las llaves están en la comisaría.
11 La madre de Carlos está en la piscina con los clientes.
12 El Sr. Salinas está sentado en el jardín.

LIBRO DE EJERCICIOS CUATRO C

CUATRO

APRENDE 14a
¿Qué hora es?

| Son las dos | Son las dos de la tarde | Son las diez de la noche | Son las diez de la mañana |

   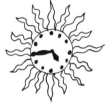

| Son las cuatro de la madrugada | Son las tres y media | Son las ocho y cuarto | Son las cinco menos cuarto |

Es la una | **Es la** una y media | Son las doce | Son las doce y media

D ¿Qué hora es?

1  4   7  10

2   5  8   11

3  6   9   12

25

CUATRO

APRENDE 14b

Son las dos **y** cinco

Son las cuatro y diez

Es la una **y** veinte

Es la una **y** veinticinco

Es la una **menos** veinticinco

Son las cuatro **menos** veinte

Son las cinco **menos** diez

Son las doce **menos** cinco

Son las once de la mañana

Son las doce de la noche

Es medianoche

Son las doce de la mañana

Es mediodía

APRENDE 14c

Carlos está en el colegio *a la* una.

Carlos está en el hotel  *a medianoche.*

Carlos está en la cocina *a las* dos.

CUATRO

E *Escucha y escribe en tu cuaderno—¿Qué hora es?* 1–20

> LIBRO DE EJERCICIOS CUATRO D & E

F *Escribe las frases completas.*

Ejemplo

está	en	el		en	los	de
están	con	la	COM	con	el	de las
	y	las		y	las	del

Son las nueve de la mañana y Carlos no está en el hotel; está en la comisaría con las
llaves de las habitaciones del hotel.

1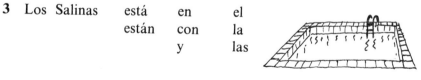

estoy	en		en
está	con		con
			y

2

tiene		del
tengo		de
		de la

3 Los Salinas

está	en	el
están	con	la
	y	las

4 La

tiene	
tengo	y

5

está	con	el
están	en	la
	y	

27

CUATRO

6 El [ ] y la [ ] está / están en / con / sin el / la [ ] con y en [ ]

7 [ ] y [ ] no está / no están ni en el / en la [ ] ni

en el / en la [ ] ni en el / en la [ ]

8 Hay / Está [ ] en el / en la [H]

G *Lee y contesta las preguntas*

El profesor entra en la clase.
Profesor—¿Qué pasa aquí? ¡La ventana está abierta y hace frío! Es el trece de enero, no de agosto.

Elige la respuesta adecuada

1 ¿Quién entra en la clase?
   a el profesor   **b** Carlos
2 ¿Qué tiempo hace?
   a hace buen tiempo   **b** hace mal tiempo
3 ¿Qué fecha es? **a** es el trece de agosto   **b** es el trece de enero

¡Hola! Me llamo Miguel y tengo trece años.
Vivo en el sur de España, en la costa,
con mis padres y mis dos hermanos. Tengo tres tías
en Madrid y una tía en Granada. No tengo ni
abuelos ni amigos.

Divide las frases siguientes en
a *verdadera* **b** *falsa* **c** *posible*

  4 Miguel tiene trece hermanos.
  5 Tiene once años.
  6 Miguel vive en Málaga.
  7 No tiene tías en Madrid.
  8 No tiene amigos.
  9 Tiene un abuelo en Perú.
10 Vive con cuatro personas.

CUATRO

H ¡Recuerda!

de – del – de la
Isabel – de Isabel
el tío – del tío
la ventana – de la ventana

Escoge

de – del – de la

Ejemplos
a madre – Pepito = la madre **de** Pepito
b ventanas – museo = las ventanas **del** museo
c llave – habitación = la llave **de la** habitación

1	amiga – Isabel	**6**	norte – Austria
2	catedral – Zaragoza	**7**	ventanas – biblioteca
3	puerta – museo	**8**	bares – ciudad
4	llaves – hotel	**9**	ciudades – Inglaterra
5	centro – España	**10**	hoteles – capital

¡Recuerda!

de los – de las
los hoteles – las llaves **de los** hoteles
las puertas – las llaves **de las** puertas

Ejemplo
Las llaves **de las** habitaciones **de los** clientes **del** hotel están en la recepción **de la** comisaría **de** Málaga.

Rellena

11 las piscinas _____ los hoteles _____ la costa
12 las ventanas _____ los museos _____ Madrid
13 *La* puerta _____ la catedral _____ Sevilla está abier**ta**.
14 *La* puerta _____ museo _____ Málaga está cerrad__.
15 *La* amiga _____ padre _____ Carlos está enfadad__.
16 *El* tío _____ amigo _____ Isabel está enferm__.
17 *El* padre _____ la amiga _____ Ahmed está content__.
18 *La* puerta _____ la habitación _____ David está abiert__.

LIBRO DE EJERCICIOS〉 CUATRO F

CUATRO

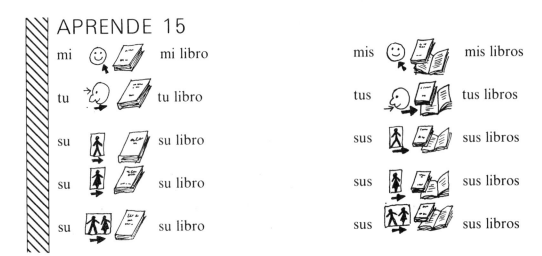

APRENDE 15

mi		mi libro	mis		mis libros
tu		tu libro	tus		tus libros
su		su libro	sus		sus libros
su		su libro	sus		sus libros
su		su libro	sus		sus libros

▌ *Escoge la descripción correcta.*

1

2

3

4

5

6

7

8

9

10

mis llaves	sus llaves
su llave	tu llave
su llave	tu hijo
su hijo	tus hijos
sus hijos	su hija

LIBRO DE EJERCICIOS   CUATRO G

CUATRO

J *Lee y contesta las preguntas.*

Es lunes 8 de enero en Nueva York. Son las siete de la mañana y David está en su habitación. Está nevando y hace mucho frío. En la habitación David tiene una cama, una mesa con sus libros, las llaves de la casa y una fotografía de su familia. En la foto hay cinco personas: David, sus dos hermanas, un hermano y su madre. David no tiene padre. Su madre no está en casa; a las cuatro de la madrugada los días laborables está en la carnicería del Sr. Hoffman. Sus hermanas están en cama en su habitación, pero su hermano, Daniel, que tiene ocho años, no está en su habitación. ¿Dónde está Daniel? No está ni en la cocina ni en el cuarto de baño, ni en el jardín. En la puerta de la habitación de David hay una nota que dice, «Estoy en casa del Tío Harry porque mañana no hay clases. Mi colegio está cerrado porque hace mucho frío. Daniel.» David está muy enfadado porque el Tío Harry vive en el número noventa y ocho y David vive en el número dos de la Avenida de Puerto Rico.

> Apartamento —
> centro-ciudad,
> tres dormitorios,
> comedor, cocina,
> cuarto de baño,
> balcón.
> Tfno: 99–11–99

Contesta las preguntas.

1 ¿Qué día es?
2 ¿Qué hora es?
3 ¿Qué tiempo hace?
4 ¿Qué hay en la mesa de la habitación de David?
5 Describe la foto.
6 ¿David tiene padre?
7 ¿Dónde está la madre de David?
8 ¿Dónde están las hermanas de David?
9 ¿Cuántos años tiene Daniel?
10 ¿Está Daniel en la cocina?
11 ¿Dónde está la nota?
12 ¿Dónde está Daniel?
13 ¿Dónde vive el Tío Harry?
14 ¿Está David contento con Daniel?

ORAL

LIBRO DE EJERCICIOS⟩ CUATRO H

CUATRO

Rompecabezas

1 *Escribe en el orden correcto*

    a menos son ocho las veinte
    b seis las y cuarto son
    c la diez menos es una

    — —

2 *¿Cuántas palabras?*

    Ejemplo *discotecatorce* = disco, discoteca y catorce
    llavesegundosemananabueloficinamigagostormentambien

3 *Lee*

    En la ciudad **A** no hay ni museo ni
    teatro, pero hay biblioteca y piscina.
    En la ciudad **B** no hay ni biblioteca
    ni piscina, pero hay museo y teatro.
    En la ciudad **C** hay museo y bib-
    lioteca, pero no hay ni piscina ni
    teatro.

    a ¿Dónde hay biblioteca y museo?
    b ¿Dónde hay biblioteca y piscina?
    c ¿Dónde no hay teatro pero hay
       museo?

4 En verano Regina está en la Costa
del Sol. En otoño, en primavera y en
invierno está en la capital.

    a ¿Dónde está Regina cuando hace
       mucho calor?
    b ¿Dónde está cuando está el col-
       egio abierto?
    c ¿Dónde está cuando hace mucho
       frío?

 APÍTULO CINCO

🔊 *Adiós Mamá*

Domingo 3 de agosto	• La familia de Salinas está en la Costa del sol.
El 6 de agosto	• Carlos está con sus amigos en la comisaría de Málaga.
	• Isabel no está en Málaga; está en Madrid con Eduardo.

El 8 de agosto

• Los señores Salinas pagan una multa en la comisaría. Los señores Salinas van en avión de Málaga a Madrid y en tren a Zaragoza.

El 12 de agosto

• Llamada telefónica de la policía de París. Isabel está en Francia sin dinero y sin permiso de sus padres.

El 13 de agosto

• La Sra. de Salinas va a París inmediatamente.

El 15 de agosto por la mañana
La Sra. de Salinas

• En el tren de Francia a España.
—Hija, ¡ya no puedo más! No quiero ni más problemas, ni más familia. Quiero vivir con mis padres en Perú. Mañana voy a Madrid a la agencia de viajes, compro un billete de avión y el lunes . . . a Lima. Adiós hijos, adiós marido y adiós problemas.

Isabel

—No, mamá, no, ¡por favor!

La Sra. de Salinas

—Lo siento hija, ya no puedo más. Quiero vivir en paz.

Noche del 15 de agosto

• Carlos, Isabel y su madre van de Zaragoza a Madrid.

Madrid, 16 de agosto

• A las nueve y media de la mañana la Sra. de Salinas va al Rastro y compra dos maletas. Isabel y Carlos van detrás de su madre. La Sra. de Salinas no habla con sus hijos. Después va a la agencia de viajes y compra un billete de avión de Madrid a Lima.

CINCO

A *Escoge*

1 **a** Carlos está en la comisaría el siete de agosto.
   b Carlos está en la comisaría el seis de agosto.

2 **a** El seis de agosto Isabel está en Madrid con Eduardo.
   b El seis de agosto Isabel está en París con Eduardo.

3 **a** La Sra. de Salinas llama a la policía de París.
   b La policía de París llama a la Sra. de Salinas.

4 **a** Los señores Salinas pagan una multa.
   b Los señores Salinas no pagan una multa.

5 **a** La Sra. de Salinas va a París el trece de agosto.
   b La Sra. de Salinas no va a París el trece de agosto.

6 **a** Los señores Salinas van de Málaga a Madrid en avión.
   b La familia Salinas va de Málaga a Madrid en tren.

7 **a** Isabel y su madre hablan en el tren.
   b La Sra. de Salinas y su hija no hablan en el tren.

8 **a** La Sra. de Salinas compra una maleta en el Rastro.
   b La Sra. de Salinas compra dos maletas en el Rastro.

9 **a** La Sra. de Salinas compra dos maletas en la agencia de viajes.
   b La Sra. de Salinas compra un billete de avión en la agencia de viajes.

10 **a** La Sra. de Salinas habla mucho con sus hijos.
   b La madre no habla con sus hijos.

APRENDE 16
Preguntas

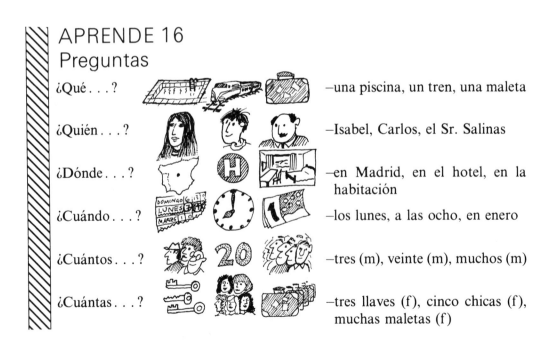

¿Qué . . . ?	—una piscina, un tren, una maleta
¿Quién . . . ?	—Isabel, Carlos, el Sr. Salinas
¿Dónde . . . ?	—en Madrid, en el hotel, en la habitación
¿Cuándo . . . ?	—los lunes, a las ocho, en enero
¿Cuántos . . . ?	—tres (m), veinte (m), muchos (m)
¿Cuántas . . . ?	—tres llaves (f), cinco chicas (f), muchas maletas (f)

CINCO

B *Lee y elige la respuesta adecuada*

El quince de agosto la Sra. de Salinas va con sus hijos a la estación de Zaragoza y compra tres billetes de Zaragoza a Madrid.

1 ¿Quién compra los billetes? (Isabel, la Sra. de Salinas, Carlos)
2 ¿Qué compra la Sra. de Salinas? (una estación, tres billetes, un tren)
3 ¿Dónde compra los billetes? (en Madrid, en el tren, en Zaragoza)
4 ¿Cuándo van a Madrid? (el jueves, el 15 de agosto, a medianoche)
5 ¿Cuántos billetes compra? (uno, tres, muchos)

> **LIBRO DE EJERCICIOS**   CINCO   A

C *¿Quién dice?*

Ejemplo «Quiero vivir en paz» (Isabel, el Sr. Salinas, *la Sra. de Salinas*)

1 «Estoy en la comisaría con mis amigos» (Isabel, Carlos, el Sr. Salinas)
2 «Estoy en París con Eduardo» (Carlos, la Sra. de Salinas, Isabel)
3 «Pago la multa en la comisaría de Málaga» (Carlos, el Sr. Salinas, Isabel)
4 «¡Ya no puedo más!» (la Sra. de Salinas, el Sr. Salinas, Carlos)
5 «No quiero vivir más en Madrid» (Eduardo, la Sra. de Salinas, Isabel)
6 «No quiero más problemas» (la policía de Paris, la Sra. de Salinas, Eduardo)
7 «Isabel está en París sin dinero» (Isabel, Carlos, la policía de París)
8 «Un billete de avión de Madrid a Lima, por favor» (Eduardo, la Sra. de Salinas, Carlos)
9 «Isabel, mamá está en la agencia de viajes» (Eduardo, Carlos, el Sr. Salinas)
10 «Mis abuelos están en Perú» (el Sr. Salinas, Carlos, la Sra. de Salinas)

GUIA DEL VIAJERO

AVIONES

DESDE MALAGA

SALIDAS INTERNACIONAL:
AMSTERDAM: 07,30 (lunes a domingo); 7,30 y 11,15 (sábado). **BOSTON:** 17,30 (martes y miércoles). **BRUSELAS:** 14,10 (lunes, viernes y domingo). **CASABLANCA:** 10,00 (lunes, miércoles y viernes). **LONDRES:** 15,00 (lunes, martes, miércoles, jueves, viernes y domingo); **NUEVA YORK:** 17,35 (lunes, martes, miércoles y jueves); **COPENHAGUE:** 09,00 (lunes a domingo). **GINEBRA:** 14,30 (martes, jueves y sábado); **FRANKFURT:** 13,25 (viernes, sábado y domingo). **DUBLIN:** 12,40 (sábado).

CINCO

APRENDE 17
Comprar

☺ compr**o**

→🙂 compr**as**

🚹🚺 compr**a**

☺☺ compr**amos**

→😅 compr**áis**

🚹🚺 compr**an**

Ejemplos

1 *La Sra. de Salinas* — Carlos, ¿qué compr**as** en el supermercado?
— *Carlos* Compr**o** chocolate.

2 ¿Qué compra Carlos en el supermercado? Compr**a** chocolate.

3 — Isabel y Carlos, ¿que compr**áis** en el supermercado?
— Compr**amos** chocolate.

4 ¿Qué compr**an** Isabel y Carlos en el supermercado? Compr**an** chocolate.

Aprende también   pasar, llegar, trabajar, pagar, hablar (con).

> LIBRO DE EJERCICIOS   CINCO   B

D *Lee y contesta las preguntas.*

Los Domingos de Teresa

La madre de Teresa trabaja en un cine. Los domingos Teresa llega a las siete de la tarde, habla con su madre, no paga y siempre pasa tres horas en el cine.

1 ¿Quién trabaja en el cine?
2 ¿A qué hora llega Teresa?
3 ¿Pasa cuatro horas en el cine?
4 ¿Habla Teresa con su madre?
5 ¿Paga Teresa?

CINE DEL PRINCIPADO
La Historia Interminable
HOY
Hasta el 4 de julio

CINCO

E *¿Qué dice Teresa de sus domingos?*

«Mi madre trabaja en un cine . . . .» *Continúa.*

Cine del Principado - Oviedo

Butaca de Patio
Fila 1 3 N.º 3

NOCHE

F *Completa las frases correctamente, utilizando las expresiones sugeridas.*

(a las ocho, chocolate, en una discoteca, cuatro días en Madrid, el profesor, viente dólares)

1 Manuel trabaja . . . .
2 Mi hermano habla con . . . .
3 El profesor pasa . . . .
4 Carlos llega . . . .
5 El Sr. Salinas paga . . . .
6 Isabel compra . . .

G *Contesta en español.*

1 ¿Hablas inglés?
2 ¿Dónde compras carne?
3 ¿Pasas mucho tiempo en el cuarto de baño por la mañana?
4 ¿A qué hora llegas al colegio por la mañana?
5 ¿Pasas los fines de semana en la capital?
6 ¿Trabajas en el mercado los sábados?
7 ¿A qué hora llegas a casa por la tarde?
8 ¿Cuándo hablas con tus tíos?
9 ¿Cuándo compras chocolate?
10 ¿Hablas español con tu profesor/a?
11 En el supermercado ¿pagas en pesetas o en dólares?
12 ¿Hablas con tus amigos cuando el profesor llega a clase?
13 ¿Hablas con los padres de tu amigo/a cuando pasas los fines de semana en su casa?
14 ¿Por qué no compras diamantes?
15 ¿Te gustan los fines de semana?

CINCO

APRENDE 18a
Ir

 voy

 vas

 va

 vamos

 vais

 van

ir a   ir al   ir a la   ir a los   ir a las

Ejemplos

Madrid	Carlos *va a* Madrid.
La agencia de viajes	Carlos *va a la* agencia de viajes.

El mercado	Carlos *va al* mercado.
Los bares	El Sr. Salinas *va a los* bares.
Las discotecas	Ahmed no *va a las* discotecas.

H *Rellena en tu cuaderno.*

Preguntas	**Respuestas**
Ejemplo ¿Quién va a la piscina?	Carlos va a la piscina.
1 ¿Quién va a la comisaría?	El Sr. Salinas ...
2 ¿Quién va al Rastro?	La Sra. de Salinas ....
3 ¿Quién va a Lima?	La Sra. de Salinas ....
4 ¿...?	Carlos va al mercado,
5 ¿..?	Isabel va a París.
6 ¿...?	El Sr. Salinas va a la capital.
7 ¿Quién va a los Estados Unidos?	David ....
8 ¿Quién no va a las discotecas?	....

CINCO

¿Adónde Vas?

I *Recuerda*

voy *a*   voy *a la*   voy *al*   voy *a los*   voy *a las*

Oral/Escrito

Contesta

Ejemplo   ¿Adónde vas? (el aeropuerto) – Voy **al** aeropuerto.

1   ¿Adónde vas? (la discoteca)   . . . .
2   ¿Adónde vas? (Lima)   . . . .
3   ¿Adónda vas? (Madrid)   . . . .
4   ¿Adónde vas? (el jardín)   . . . .
5   ¿Adónde vas? (la comisaría)   . . . .

Continúa

¿Adónde vas? – **6** la piscina   **7** España   **8** el hotel   **9** la agencia de viajes
10 el Rastro   **11** el banco   **12** Francia   **13** Nueva York   **14** los bares

⬡ **LIBRO DE EJERCICIOS** 〉   CINCO   C

CINCO

APRENDE 18b
¿Quiénes van?

Ejemplo

¿Quién *va* al teatro? – Carlos *va* al teatro?

¿Quién*es* *van* al teatro? – Ana y Pepe *van* al teatro.

J *Rellena en tu cuaderno.*

1 ¿Quiénes van al mercado?   Carlos y Ahmed . . . .
2 ¿Quiénes van al hotel?   Mis hermanos. . . . .
3 ¿. . . . .?   El Sr. Salinas va a la iglesia.
4 ¿. . . . .?   Carlos y su hermana van al teatro.
5 ¿. . . . .?   Ahmed y su madre van a la Mezquita.
6 ¿. . . . .?   Ahmed va a la Mezquita.

K *Escribe*

Ejemplos

😊 Voy a→ España   L M M J V S [D]
el domingo.

→👄 Vas al→ mercado   L M M J V S Ⓓ
los domingos.

Carlos va a→ Francia   Agosto 1 2 3 4 5 6 [7]
el siete de agosto.

Continúa

1 Isabel _____ _____   L M M J V S Ⓓ

2 Ahmed _____ _____   L M M J Ⓥ S D

3 David _____ _____   L M M J V Ⓢ D

HORARIOS DE MISAS DE LA LINEA

Iglesias	Laborables	Vísperas	Festivos
Inmaculada	9. y 20 h.	20 h.	9, 11, 12 y 20
San Pedro	20 h.	20 h.	10 y 12 h.
San Pío X	20,30 h.	20,30 h.	9 y 11,30 h.
Sagrado Corazón (Junquillos)	20 h.	20 h.	10,30 h.
Santiago	9. y 20,30 h.	20,30 h.	10,30 y 20,30 h.
San José	20 h.	20 h.	9,30 y 11 h.
San Bernardo	9,30 h.	20,30 h.	11 y 20,30 h.
Ntra. Sra. del Carmen	9,30 h.	20 h.	9 y 12 h.
Colegio Salesianos	8,30 h.	20 h.	9,30, 11,30, 12,30 h
Campamento	10 h.	21 h.	11 h.
Puente Mayorga	20 h.	20 h.	10 y 20 h.
Residencia	20,15 h.		10 h.
Hospital			10 h.

4   _____ Lima   Noviembre 15

5   _____   L M M J V S D

6   _____   L M M J V S D

> **LIBRO DE EJERCICIOS**   CINCO   D

CINCO

APRENDE 19a

delante *de*	delante *del*	delante *de la*
delante *de los*	delante *de las*	
detrás *de*	detrás *del*	detrás *de la*
detrás *de los*	detrás *de las*	
al lado *de*	al lado *del*	al lado *de la*
al lado *de los*	al lado *de las*	
entre . . .	y	

Ejemplos *Mira el dibujo*
La Sra. de Salinas está detrás del Sr. Salinas. Carlos está delante de Isabel.
María está al lado de Teresa. Teresa está al lado de María.
David está entre Ahmed y el Sr. Salinas.

L *Rellena en tu cuaderno.*

Ejemplo
a Ahmed . . . Teresa.
  Ahmed está delante de Teresa.
b Las chicas . . . los chicos.
  Las chicas están detrás de los chicos.

1 David . . . María.
2 Teresa . . . Ahmed.
3 Teresa . . . Isabel y María.
4 Los chicos . . . las chicas.
5 David . . . Ahmed.
6 La madre . . . **el** padre.

CINCO

APRENDE 19b

Las banderas están a la derecha.

 El bar está a la izquierda.

M *Mira el dibujo en **Aprende 19** y rellena con **a la derecha** o **a la izquierda**.*

1 Ahmed está . . . .
2 Teresa y Isabel están . . . .
3 El sombrero está . . . .
4 El Sr. Salinas está . . . .
5 David y el Sr. Salinas están . . . .
6 María y la Sra. de Salinas están . . .

LIBRO DE EJERCICIOS   CINCO   E

APRENDE 19c

dentro de,   fuera de,   debajo de,   en,
sobre,   encima de,   cerca de,   lejos de

Ejemplos
El sombrero está sobre la caja.
El sombrero está encima de la caja.
La caja está debajo del sombrero.
El hombre está cerca de Barcelona.
El hombre está lejos de París.
El vino está dentro de la caja.
El vino está en la caja.
Las cebollas están fuera de la caja.

N *Mira el dibujo y escoge.*

1 El hombre está (cerca de/lejos de) la caja.
2 París está (cerca de/lejos de) Barcelona.
3 Las botella*s* est*án* (dentro de/fuera de) la caja.
4 El loro está (debajo de/sobre) el sombrero.

O *Empareja las preguntas con sus respuestas.*

Preguntas
1 ¿Qué hay sobre la caja?
2 ¿Qué hay cerca de la caja?
3 ¿Qué hay dentro de la caja?

Respuestas
a Hay tres botellas de vino.
b Hay un loro y un sombrero.
c Hay un hombre.

CINCO

P Oral/Escrito

Contesta las preguntas.

1 ¿Te llamas Isabel?
2 ¿Estás bien?
3 ¿Tienes veinte años?
4 **a** ¿Cuántas hermanas tienes?   **b** ¿No tienes tíos?
5 **a** ¿Qué tiempo hace hoy?   **b** ¿Hace calor en Moscú en enero?
6 ¿Qué hora es?
7 ¿Dónde vives?
8 **a** ¿Te gusta el chocolate?   **b** ¿Te gust**an** los aviones?
9 **a** ¿Cuándo es tu cumpleaños?   **b** ¿Qué fecha es hoy?
10 **a** ¿Cuándo vas al colegio?   **b** ¿Cuándo vas a la iglesia?
11 **a** ¿Dónde está la Alhambra?   **b** ¿Dónde está Nueva York?
12 **a** ¿Hay playas en la costa?   **b** ¿Hay teatros en Madrid?
13 **a** ¿Quién es tu amigo/a?   **b** ¿Quiénes están en tu casa?
14 ¿Estás enfadado/a con tu profesor/a?
15 ¿Estás cerca de la biblioteca?
16 ¿Estás lejos del museo?
17 **a** ¿Cuántas chicas hay en tu clase? **b** ¿Cuántos chicos hay en tu clase de
                                                 español?
18 **a** ¿La puerta está abierta?   **b** ¿Está cerrada la ventana?
19 **a** ¿La puerta está a la izquierda? **b** ¿Están las ventanas a la derecha?
20 **a** ¿Estás contento/a?   **b** ¿Está contento/a tu profesor/a?

ORAL

LIBRO DE EJERCICIOS   CINCO F, G, H

Escribir con mayúsculas o a máquina.

FORMA DE PAGO : GIRO POSTAL O TALON BANCARIO a nombre de
ACADEMIA DE IDIOMAS DE VALLODOLID.

Nombre y Apellidos ....
Dirección ....
No .... Piso .... Población ....
Distrito Postal .... Provincia ....
Nación ....
Teléfono .... Edad ....

CAPÍTULO SEIS

📠 Barajas

En Barajas, el aeropuerto de Madrid.

El lunes dieciocho de agosto a las nueve menos cuarto de la mañana, la Sra. de Salinas llega a Barajas en un taxi, con sus dos maletas y sin sus hijos. Pero Carlos e Isabel están allí. Están muy tristes, porque su padre está en el hospital en Zaragoza

Señores pasajeros, por razones de seguridad aeroportuaria, les rogamos:
A) No acepten paquetes, maletas u otros objetos de personas desconocidas.
B) Aseguren que sus maletas van debidamente cerradas e identificadas antes de facturar.
Muchas gracias

For safety reasons passengers are kindly requested

y porque su madre no habla, solamente llora. Isabel también está llorando. Está al lado de su madre. Carlos está detrás de una columna, llorando también.

Isabel —Mamá, ¿tus señas en Perú?. . . . ¡Por favor!

Su madre no habla, no contesta. Llaman el vuelo Iberia 4I7 con destino a Lima. La Sra. de Salinas pasa a Isabel una nota con la palabra «Carmona» y pasa por el control de pasaportes.

A las diez y diez despega el avión de Barajas. Carlos e Isabel van en taxi al centro de Madrid y toman el tren para Zaragoza. Carlos va a casa e Isabel al hospital.

LIBRO DE EJERCICIOS   SEIS   A

SEIS

A *Contesta las preguntas en español.*

1 ¿A qué hora llega la Sra. de Salinas a Barajas?
2 ¿Qué es Barajas?
3 ¿Cómo va a Barajas?
4 ¿Cuántas maletas lleva?
5 ¿Por qué están tristes Carlos e Isabel?
6 ¿Dónde está el Sr. Salinas?
7 ¿A qué hora despega el avión?
8 ¿Cómo van del aeropuerto a Madrid?
9 ¿Cómo van de Madrid a Zaragoza?
10 ¿Quién va al hospital?

B *¿Quién dice o quién piensa?*

Escoge (Carlos, Isabel, la Sra. de Salinas, el Sr. Salinas)

1 «Mi hermana y mi madre están llorando»
2 «Mis hijos están con su madre en Madrid»
3 «¿Dónde están mis maletas?»
4 «Mi hijo está llorando detrás de una columna»
5 «En Perú, vivo en Carmona»
6 «Voy a casa»
7 «No voy al hospital»
8 «¿Por qué no estás contento?»
9 «No estoy contenta porque mi padre está en el hospital»
10 «Isabel y Carlos están muy tristes»

APRENDE 20
Llor**ar**

Trabaj**ar**

☺ estoy llor**ando**

☺☺ estamos trabaj**ando**

estás llor**ando**

estáis trabaj**ando**

está llor**ando**

están trabaj**ando**

estudiar   llorar

entrar en

cantar   pintar

bajar

C *Rellena en tu cuaderno*

Ejemplo  en el jardín.

Están trabajando en el jardín.

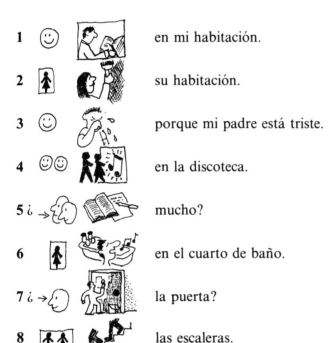

1 en mi habitación.

2 su habitación.

3 porque mi padre está triste.

4 en la discoteca.

5 ¿ mucho?

6 en el cuarto de baño.

7 ¿ la puerta?

8 las escaleras.

D *Empareja las preguntas con las respuestas.*

1 ¿Estás estudiando?
2 ¿Está estudiando Pepe?
3 ¿Están estudiando?
4 ¿Estáis estudiando?

a Sí, están estudiando.
b Sí, estamos estudiando.
c No, no estoy estudiando.
d No, no está estudiando.

Vicente:
Tengo dos entradas para el teatro esta noche. ¿Qué te parece?
Maribel

Maribel –
Lo siento – esta noche – no.
Estoy estudiando en casa de Milagros.
Vicente

ORAL

LIBRO DE EJERCICIOS SEIS B & C

SEIS

APRENDE 21

Isabel *y* Carlos   **pero**   Carlos *e I*sabel

seis *o* siete   **pero**   siete *u o*cho

E   *Escribe* **y** *o* **e**.

Ejemplo Pepe . . . Ahmed = Pepe *y* Ahmed

1   María . . . Teresa
2   Inglaterra . . . España
3   España . . . Inglaterra
4   chinos . . . indios
5   interesante . . . imposible
6   interesante . . . inteligente

Escribe **o** *o* **u**

7   cuatro . . . cinco
8   diez . . . once
9   escrito . . . oral
10   setenta . . . ochenta

APRENDE 22
Singular

Masculino
El museo está abiert**o**
Carlos está content**o**

Femenino
La carnicería está abiert**a**
Isabel está content**a**

pero

El chic**o** está trist**e**
Carlos está trist**e**

La chic**a** está trist**e**
Isabel está trist**e**

Plural

Masculino
Carlos y Ahmed est**án** content**os**
Carlos y Ahmed est**án** trist**es**

Femenino
Isabel y María están content**as**
Isabel y María están trist**es**

Plural

Masculino y Femenino
Carlos y María est**án** content**os**
Isabel y Ahmed est**án** trist**es**

F *Escoge* **caliente** *frío*

1   Los cafés (están/está) (fríos/caliente)
2   Los tés (está/están) (calientes/frías)
3   La limonada (están/está) (fría/frío)
4   La leche (está/están) (frío/caliente)
5   Las tostadas (está/están) (fríos/calientes)
6   La cerveza (está/están) (fría/calientes)

G *¿Cómo?*

Responde **frío, fría, fríos, frías, caliente, calientes.**

Ejemplo ¿Cómo te gusta *la* leche? Me gusta *la* leche fr*ía*

1   ¿Cómo te gusta el vino?
2   ¿Cómo te gusta el café?
3   ¿Cómo te gustan las tostadas?
4   ¿Cómo te gusta el té?
5   ¿Cómo te gusta el cacao?
6   ¿Cómo te gusta la sopa?
7   ¿Cómo te gusta la tortilla?
8   ¿Cómo te gustan los guisantes?
9   ¿Cómo te gusta la cerveza?
10 ¿Cómo te gustan los zumos?

H *Rellena utilizando las palabras sugeridas*
(está, calientes, están, llorando, fría, frías, gustan, caliente)

Estoy _____ porque me _____ las tostadas _____ y la leche _____ , y las tostadas _____ _____ y la leche _____ _____ .

SEIS

Verbos Regulares **er ir**

beb**er**   sub**ir**

beb**o**   ☺   sub**o**   ☺

beb**es**   →☺   sub**es**   →☺

beb**e**   🚹🚺   sub**e**   🚹🚺

beb**emos**   ☺☺   sub**imos**   ☺☺

beb**éis**   →☺   sub**ís**   →☺

beb**en**   🚹🚺   sub**en**   🚹🚺

Aprende comer, vender, comprender, aprender, vivir, permitir, escribir, discutir.

I *Escribe la parte adecuada del verbo.*

1 ☺ _____ mucho los fines de semana. (comer)

2 Mis hermanos no _____ vino tinto. (beber)

3 ¿ →☺ _____ español en el colegio? (aprender)

4 No 🚹🚹 _____ las clases de matemáticas. (comprender)

5 ¿ →☺ _____ en Sevilla o en Córdoba? (vivir)

6 Mis abuelos _____ a la oficina en ascensor. (subir)

7 El profesor no _____ ruido en la clase. (permitir)

8 ☺☺ _____ mucho en casa. (discutir)

9 Nunca ☺ _____ a mis primos. (escribir)

10 Mi carnicero _____ carne de Argentina. (vender)

J *Escucha y escribe el verbo que utilizan.*

Ejemplo Mis hermanos no beben café. a bebe b *beben*

1	**a** bebo	**b** bebe
2	**a** aprendemos	**b** aprendéis
3	**a** permite	**b** permiten
4	**a** subes	**b** subís
5	**a** viven	**b** vivo
6	**a** comprendo	**b** comprende
7	**a** escribís	**b** escribes
8	**a** discutes	**b** discutís
9	**a** venden	**b** vende
10	**a** come	**b** comes

LIBRO DE EJERCICIOS   SEIS   D, E, F, G

SEIS

APRENDE 24

Recuerda cant*ar* — está cant*ando*

Aprende beb*er* — está beb*iendo*

sub*ir* — está sub*iendo*

LIBRO DE EJERCICIOS   SEIS   H

K   *Lee*

Isabel está llorando a la entrada del hospital. Su madre está llegando a Perú e Isabel está recordando la estúpida decisión del día 3 de agosto.

Conversación por teléfono–3 de agosto

—¡Hola! ¿Isabel? Aquí Eduardo.

—¡Eduardo! ¿Cómo estás? ¿Dónde estás?

—Muy bien, gracias. Estoy en Madrid.
¿Tus padres y tu hermano están bien?

—Sí, muy bien

—¿Están en la habitación? ¿Qué están haciendo?

—No, estoy sola en la habitación.
Carlos está bebiendo gaseosa en el bar,
mi padre está escribiendo a sus hermanas
en el jardín, y mi madre está discutiendo
con mi hermano porque está bebiendo
gaseosa todo el día. Y tú, ¿qué estás haciendo?

—Pues, no estoy estudiando mucho y
también siempre estoy discutiendo
con mi familia. Mis padres están tomando
el sol en el jardín.

—Bueno, Eduardo, ¿qué quieres?

—Mira, Isabel, tengo unos amigos que van a
Francia en coche mañana. ¿Por qué no
vamos con ellos?

52

SEIS

—¡Estás loco, Eduardo! ¿Sin permiso de mis padres?
Oye, lo siento, adiós, mis padres están subiendo
a la habitación
—Adiós, mañana a las once estoy en Barajas
esperando el vuelo de Málaga.

Contesta las preguntas en español.

1 ¿Con quién está hablando Isabel?
2 ¿Cómo están los padres de Isabel?
3 ¿Qué está haciendo Carlos?
4 ¿Qué están haciendo los padres?
5 ¿Está estudiando mucho Eduardo?
6 ¿Qué están haciendo los padres de Eduardo?
7 ¿Adónde van los amigos de Eduardo?
8 ¿Por qué dice de pronto Isabel «adiós»?
9 ¿Dońde está esperando Eduardo el vuelo de Málaga?
10 ¿Por qué está llorando Isabel en la entrada del hospital?

L *¿Quién dice o quién piensa?*

(Isabel, Carlos, el Sr. Salinas, la Sra. de Salinas, Eduardo)

1 «No quiero entrar en el hospital porque estoy llorando.»
2 «¿Estás sola en la habitación?»
3 «¡Estás bebiendo mucha gaseosa!»
4 «Estoy escribiendo a mis hermanas»
5 «Hace mucho calor. Quiero una gaseosa»
6 «No voy a Francia sin permiso de mis padres»
7 «¿Vas a Francia sin permiso de tus padres?»
8 «¿Qué tiempo hace en la costa?»
9 «¿Por qué no está mi hija con su madre y su hermano?»
10 «¿Tu padre está escribiendo a tus tías?»

M *Escucha y escribe en tu cuaderno la letra del dibujo que estamos describiendo.*

Rompecabezas

1 *Ordena las letras y forma palabras.*
jrbaaas, otuparesero, potilo, nóvia, salemat, loveu, anaaud, dragepes.

2 El vuelo Iberia 197 de Madrid a la capital de Inglaterra despega de Barajas a las nueve y veinte. Llega a Inglaterra en dos horas y cinco minutos. Está en el aeropuerto de Heathrow por dos horas.
a ¿A qué hora llega?
b ¿A qué ciudad llega?
c ¿A qué hora llega a Madrid?

3 Mario no bebe alcohol. Mariano no bebe nada frío.
Martín no bebe nada caliente. María no bebe ni alcohol ni nada caliente.
a ¿Quién bebe cerveza?
b ¿Quiénes beben café?
c ¿Quiénes beben gaseosa?

4 El museo está abierto los lunes y los viernes.
El teatro está cerrado los martes y los jueves.
La biblioteca está cerrada los fines de semana.
En una semana Don Idiota pasa tres días en la biblioteca, dos días en el teatro y dos días en el museo.
a ¿Qué días va al teatro?
b ¿Qué días va a la biblioteca?
c ¿Qué días va al museo?

MINISTERIO DE EDUCACION Y CIENCIA
DIRECCION GENERAL DE BELLAS ARTES
PATRONATO NACIONAL DE MUSEOS

6140503

Sello
del
Museo

ENTRADA
A MUSEOS

CINCUENTA PESETAS

CONTROL   CONTROL

APRENDE 25

Estar

 estoy

 estás

 está

 estamos

 estáis

están

Ser

 soy

 eres

 es

 somos

sois

son

Lugar

Estoy en Marbella.
Estoy en el hotel.
Estoy en mi habitación.

Temporario

Estoy sentado en la cama.
Estoy cansado.
Estoy desesperado con mis hijos.

Permanente

Soy Mariano Salinas.
Soy el padre de Isabel y de Carlos.
Soy bueno con mis hijos.

Más Ejemplos

El Sr. Salinas dice de Isabel.

Lugar/Temporario
Está en Francia con Eduardo.
Está contenta pero *está* asustada,
   estoy seguro.

Permanente
Es egoísta.
Es desobediente y estúpida.

Tu ciudad está limpia porque tú eres limpio.

Virginia:
Si no estás contenta
y quieres ser feliz,
llámame. Tomás.

SIETE

A *Utiliza **ser** o **estar** correctamente.*

1   Mariano Salinas _____ el padre de Isabel.   (es/está)

2   _____ muy enfadado con su hija.   (es/está)

3   Isabel _____ en Francia sin permiso de sus padres.   (es/está)

4   La Sra. de Salinas también _____ enfadada.   (es/está)

5   Isabel _____ muy desobediente.   (es/está)

6   Sus padres _____ muy tristes.   (son/están)

7   Isabel y Carlos _____ estudiantes.   (son/están)

8   Eduardo no _____ muy inteligente.   (es/está)

9   Los padres de Eduardo también _____ desesperados.   (son/están)

10   Ahora la Sra. de Salinas _____ en Perú.   (es/está)

11   Carlos e Isabel _____ sin su madre y Mariano Salinas
_____ sin su mujer.   (es/está) (están/son)

12   Isabel _____ arrepentida porque su padre _____ bueno con sus hijos.
     (es/está)

B *Utiliza **son** o **están.***

1   _____ hermanos.

2   _____ inteligentes.

3   _____ allí.

4   _____ aquí.

5   _____ cerrados.

6   _____ desobedientes.

7   _____ pilotos.

8   _____ carniceros.

9   _____ sorprendidos.

10   _____ a la derecha.

11   _____ enfermeras.

12   _____ enfermos.

SIETE

📼 ¿Y Ahora Qué?

Carlos *está* muy intranquilo. *Es* un chico desobediente pero también de buen corazón. No
olvida que su padre *está* en el hospital, que su
madre *está* en Perú y que seguramente todos
están muy tristes.

Isabel también *es* una chica de buen corazón y
ahora *es* muy buena con su familia. Habla con
Carlos, saca un cuaderno y anota sus
pensamientos.

«Mañana arreglo todo para el viaje a Perú.
Necesitamos mucho dinero, pasaportes, mapas,
y claro, permiso de papá. Primeramente, el
dinero **es** un problema. No. . .hablamos con
las tías de Granada y la abuela en Córdoba
y. . .si mandan dinero, reservamos en seguida
los vuelos para Lima. Pero, primero, vamos al
hospital. Papá decide.»

Miércoles por la mañana en el hospital.

Carlos e Isabel	—¡Hola papá! ¿Cómo **estás**?
El Sr. Salinas	—Mejor, hijos, mucho mejor.
Isabel	—Me alegro mucho papá. Papá, quiero ir a Perú. **Somos** una familia, **eres** el marido de mamá, y vivimos todos juntos en Zaragoza. ¿Dónde **está** Carmona?
El Sr. Salinas	—**Está** en el sur de Perú. **Es** un pueblo pequeño. Allí **están** los padres de mamá.
Carlos	—Papá, necesitamos dinero.
El Sr. Salinas	—Sí, sí, ya lo sé. Perú **está** muy lejos de España y el viaje **es** muy caro. Mira, Isabel, mañana hablas con tus tías y con tu abuela, y si mandan dinero, vas a la agencia de viajes, compras los billetes, preparas las maletas y el sábado vais a Perú. Sólo **son** dos días más en el hospital. Adiós hijos.

LIBRO DE EJERCICIOS⟩ SIETE B

SIETE

C *Contesta las preguntas.*

1 ¿Qué no olvida Carlos?
2 ¿Dónde anota sus pensamientos Isabel?
3 ¿Qué necesitan para el viaje a Perú?
4 ¿Van a Perú sin permiso de su padre?
5 ¿Cuándo van al hospital?
6 ¿Qué es Carmona y dónde está?
7 ¿Dónde viven los tres abuelos de Carlos?
8 ¿Está el padre el sábado en el hospital?
9 ¿Qué día habla Isabel con sus tías?
10 ¿Dónde venden los vuelos?
11 ¿Van a Perú si las tías y la abuela no mandan dinero?
12 ¿Quién es el marido de la madre de Isabel?

D *¿Quién(es) dice(n)? o ¿Quién(es) piensa(n)?–Carlos (e) Isabel (y) el Sr. Salinas, todos.*

1 «Isabel es buena con papá.»
2 «Mis hijos son buenos con la familia.»
3 «Hablas primero con tus tías.»
4 «Vamos al hospital.»
5 «Quiero ir a Perú con mi hermano.»
6 «¿Dónde está Carmona?»
7 «Si las tías mandan dinero vamos a Carmona.»
8 «No olvidamos que mamá está en Perú.»
9 «El sábado vosotros vais a Perú y yo voy a casa.»
10 «Es importante vivir todos juntos aquí.»
11 «Somos muy desobedientes.»
12 «Ni mamá ni yo necesitamos más problemas.»
13 «Lo siento mucho, papá, el amigo de mi hermana está loco.»
14 «Pienso mucho en mi mujer.»
15 «Me gusta más la cama que tengo en casa.»
16 «Si mandan dinero vais al banco.»

58

E *Mira los dibujos y elige la descripción adecuada.*

1
2
3
4
5
6

a es bueno   **b** son buenas   **c** es buena   **d** son malos   **e** son malas   **f** es malo

Continúa

7
8
9
10
11
12

g son pequeñas   **h** están tristes   **i** están contentas   **j** son grandes   **k** están contentos   **l** son pequeños

APRENDE 26
Adjetivos

singular		plural	
masculino	*femenino*	*masculino*	*femenino*
content**o**	content**a**	content**os**	content**as**
trist**e**	trist**e**	trist**es**	trist**es**
fáci**l**	fáci**l**	fáci**les**	fáci**les**

F *Elige una de las palabras sugeridas y escribe el ejercicio en tu cuaderno.*

(desobediente, fácil, pequeñas, caros, pilotos, difíciles)

1 Mis hermanos son _____.
2 El exámen de español es _____.
3 Los exámenes de matemáticas son _____.
4 Mi amigo es muy _____.
5 Los diamantes son muy _____.
6 Las llaves son muy _____.

SIETE

Conversación con las tías

[¡Tring, tring!]

Tía Maribel	—¡Diga!
Isabel	—¿Es el 28–42–37?
Tía Maribel	—Sí, ¿quién es?
Isabel	—Soy yo, Isabel, tu sobrina de Zaragoza.
Tía Maribel	—¡Isabel! ¡Qué sorpresa! ¿Cómo estáis todos?
Isabel	—Bueno, regular. Escúchame tía.
Tía Maribel	—No, no. ¡ Escúchame tú! ¿ Es verdad o no? ¿Estás en Francia con Eduardo el loco?
Isabel	—No, tía, estoy en Zaragoza. Papá está enfermo en el hospital y . . . mamá está con sus padres en Perú. . . y yo estoy muy arrepentida. Quiero ir a Perú con Carlos, pero necesitamos dinero.
Tía Maribel	—Ay, ¡Dios mío! ¡Qué juventud! Y mi hermano, tu padre, ¿ cómo está? Y él ¿ qué dice?
Isabel	—Está mucho mejor, tía, y dice que sí, que somos una familia y que vivimos en España, no unos en Perú y otros aquí.
Tía Maribel	—Bueno, bueno, mañana mandamos un cheque y esperamos buenas noticias pronto. Necesitáis reservar los vuelos inmediatamente. Adiós, querida. . . Muchos besos a papá y a Carlitos.

G Oral/Escrito

¿ Quiénes/Quién?–Tía Maribel, Isabel, Mariano Salinas, Carlos, las tías.

1 ¿Quién llama?
2 ¿Quién contesta el teléfono?
3 ¿Quién está sorprendida?
4 ¿Quién es la sobrina?
5 ¿Quién está en Zaragoza?
6 ¿Quién está en el hospital?
7 ¿Quién está mejor?
8 ¿Quiénes necesitan dinero?
9 ¿Quiénes van a Perú?
10 ¿Quiénes mandan dinero?
11 ¿Quién está arrepentida?
12 ¿Quiénes esperan buenas noticias?

H *Elige una de las dos frases sugeridas y escribe en forma de historia.*

Isabel habla con sus tías por teléfono/Las tías no tienen teléfono.
Tía Maribel está muy sorprendida./Tía Maribel está muy triste.
Piensa que Isabel está en Francia./Está muy contenta con Eduardo.
Está muy contenta con sus sobrinos./Está desesperada con sus sobrinos.
Decide mandar dinero para los vuelos./Decide no enviar dinero.

APRENDE 27
Números

100	cien
101	ciento uno
110	ciento diez
120	ciento veinte
200	doscientos/as
300	trescientos/as
400	cuatrocientos/as
600	**quinientos**/as
600	seiscientos/as
700	**setecientos**/as
800	ochocientos/as
900	**novecientos**/as
1000	mil
2000	dos mil

Instituto de Artes
Castellana, 94 (Madrid)
Alumnos 215
Profesores 11
Duración — 3 años
Cuota mensual 12,500 ptas.

Escuela de moda Tremar
Gran Vía, 38 (Madrid)
Alumnos 682
Profesores 14
Duración curso — 3 años
Cuota mensual 8,000 ptas.

INSTITUTO de DISEÑO
Madrazo, 75 (Barcelona)
Alumnos 350
Profesores 22
Matrícula anual 45,000 ptas.
Duración — 3 años

LIBRO DE EJERCICIOS   SIETE C

SIETE

📼 *Diálogo en la agencia de viajes*

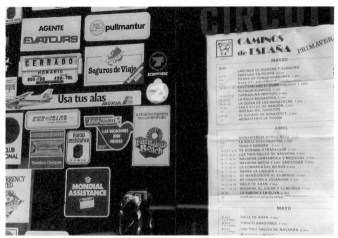

Isabel	—¡Hola! Buenos días!
Hombre	—¡Buenos días! ¿Qué deseas?
Isabel	—¿Cuánto cuesta un billete de Madrid a Lima?
Hombre	—¿Un billete de ida, o de ida y vuelta?
Isabel	—De ida y vuelta. Salida de Madrid el sábado.
Hombre	—Vamos a ver, Madrid–Lima, ida y vuelta, son ciento ochenta y seis mil pesetas (186.000).
Isabel	—Es caro, muy caro.
Hombre	—Sí, por un año, es caro, pero por un mes es menos. Vamos a ver, son ciento veinticinco mil pesetas (125.000) por un mes.
Isabel	—Bueno, quiero dos, uno para mí, y uno para mi hermano. Ida y vuelta por un mes.
Hombre	—¿Cuántos años tiene tu hermano?
Isabel	—Tiene doce años.
Hombre	—Ah, entonces, tú pagas el precio de adulto, y tu hermano paga el ochenta por ciento (80%).
Isabel	—Muy bien, dos vuelos de ida y vuelta para el sábado, por favor.

LIBRO DE EJERCICIOS   SIETE   D

SIETE

I *Contesta las preguntas en español.*

1 ¿Con quién habla Isabel?
2 ¿Hay vuelos de Madrid a Lima los sábados?
3 ¿Dónde trabaja el hombre?
4 ¿Cuánto cuesta el billete de ida y vuelta por un año para adultos?
5 ¿Piensa Isabel que son caros o baratos?
6 ¿Pregunta el hombre la edad de Isabel?
7 ¿Para quién compra los vuelos Isabel?
8 ¿Desea Isabel billetes de ida o de ida y vuelta?
9 ¿Quién paga menos, Isabel o Carlos?
10 ¿Por qué decide el hombre que Carlos paga menos?
11 ¿Cuándo van a Lima?
12 ¿Qué descuento recibe Carlos?

J *En la Estación de Ferrocarril*

Isabel está comprando los billetes
de tren de Zaragoza a Madrid. Ordena las frases y
escribe el diálogo. (*Hablan **Isabel** y **Hombre***)

1 —¿De ida o de ida y vuelta?
2 —Dos billetes de Zaragoza a Madrid, por favor.
3 —Muy bien, dos billetes de ida de Zaragoza a Madrid.
4 —Son dos mil seiscientas pesetas.
5 —¡Buenas tardes!
6 —¿Cuánto es?
7 —De ida, por favor.
8 —¡Buenas tardes! ¿Qué deseas?
9 —Dos mil seiscientas. Gracias. ¿A qué hora hay trenes?
10 —A las ocho de la mañana y luego cada cuatro horas.
11 —Adiós y buen viaje.
12 —Muchas gracias, adiós.

Ahora escucha la conversación y corrige el orden.

K *Escribe el diálogo en la taquilla
de billetes de autocares donde el Sr. Salinas está
comprando un billete de Málaga a Marbella.*

Utiliza

  a precio–220 pesetas
  b hay autocares cada tres horas
  c hay autocares aireacondicionados

> **LIBRO DE EJERCICIOS**   SIETE   E & F

APRENDE 28

	Singular		Plural	
	masculino	*femenino*	*masculino*	*femenino*
Recuerda	content*o*	– content*a*	– *os*	*as*
	trist*e*	– trist*e*	– *s*	*s*
	fáci*l*	– fáci*l*	– *es*	*es*
Pero	españo*l*	– español*a*	– *es*	*as*
	inglé*s*	– ingles*a*	– *es*	*as*
	peruan*o*	– peruan*a*	– *os*	*as*

¡Mira, un escocés!

¡Qué va! ¡Una escocesa!

SIETE

País	Capital	Idioma	Habitantes
España	Madrid	**(el)** español	español -a -es -as
Italia	Roma	**(el)** italiano	italiano -a -os -as
Egipto	El Cairo	**(el)** árabe	egipcio -a -os -as
Inglaterra	Londres	**(el)** inglés	inglés -a -es -as (sin acento)
Argentina	Buenos Aires	**(el)** español	argentino -a -os -as
Francia	París	**(el)** francés	francés -a- es -as (sin acento)
Los Estados Unidos	Washington	**(el)** inglés	estadounidense -e -es -es
Méjico	Ciudad de Méjico	**(el)** español	mejicano -a -os -as
Venezuela	Caracas	**(el)** español	venezolano -a -os -as
Chile	Santiago	**(el)** español	chileno -a -os -as
Bélgica	Bruselas	**(el)** francés **(el)** flamenco	belg**a** -a -as -as
La Unión Soviética/Rusia	Moscú	**(el)** ruso	ruso -a -os -as soviético -a -os -as

L Oral/Escrito

Contesta las preguntas.

1 ¿Qué idioma hablan en Venezuela?
2 ¿Cuál es la capital de Francia?
3 ¿Qué idioma hablan los egipcios?
4 ¿En qué país hablan el italiano?
5 ¿Dónde hablan el ruso?
6 ¿Qué idiomas hablan los belg*as*?
7 ¿Qué ciudad es la capital de Los Estados Unidos? (EE. UU.)
8 ¿Qué idioma hablan los españoles, los argentinos y los mejicanos?
9 ¿Cuál es la capital de Chile?
10 ¿Qué idioma hablan en Inglaterra y en los Estados Unidos?

LIBRO DE EJERCICIOS⟩ SIETE G & H

SIETE

APRENDE 29
más adjetivos

ligero/a   pesado/a

ancho/a   estrecho/a

largo/a   corto/a

feo/a   guapo/a

rico/a   pobre

fuerte   débil

lento/a   rápido/a

alto/a   bajo/a

Ejemplos
Carlos dice: Soy guap**o**, fuert**e** y alt**o**.
Isabel dice: Soy guap**a**, fuert**e** y alt**a**.

M *Oral/Escrito*

Elige un adjetivo de la lista de arriba.

1   La caja es muy _____.

2   Los toros   son muy _____.

3   El monstruo   es muy _____ .

4   La habitación es muy _____ .

5   La tortuga   es muy _____.

6   El gigante   es muy _____ .

7   Los Salinas no son _____ .

8   La carrera   es muy _____ .

SIETE

N *Utiliza la lista de adjetivos en* **Aprende 29** *y describe los dibujos.*

1 La calle

2 Los galgos

3 Carlos

4 El mendigo

5 Las sillas

6 La cuerda

7 Los boxeadores

8 La caja

> **LIBRO DE EJERCICIOS**   SIETE   I

📼 *Entrevista*

Manuel Ibañez de Radio Juventud	—Buenas tardes, señores oyentes. Aquí Radio Juventud de Puerto Rico. Hablamos con Steve Ríos de Nueva York, un joven de 16 años con una memoria extraordinaria.
Manuel	—¿Cómo te llamas?
Steve	—Me llamo Steve Ríos, pero en casa de mis abuelos puertorriqueños, soy Esteban.
Manuel	—¿Cuántos años tienes?
Steve	—Tengo 16 años, en julio, 17.
Manuel	—¿Dónde vives?
Steve	—Vivo en un apartamento, en Queens, en Nueva York.
Manuel	—¿Y tu familia?
Steve	—Pues, vivo con mis padres y mi hermano mayor. Bueno, mi hermano tiene 20 años y ahora está viajando por América del Sur.
Manuel	—¿Y tus abuelos?
Steve	—Mis abuelos viven muy cerca, en la misma calle.
Manuel	—Hablas español muy bien . . . .
Steve	—No, muy bien, no. Bueno, bastante bien. Mis abuelos son de Puerto Rico y siempre hablan español. Mi padre también habla español, pero mi madre es de Chicago, y en casa hablamos inglés.
Manuel	—Steve, eres famoso. ¿Por qué?
Steve	—Tengo memoria fotográfica. Nunca olvido nada.
Manuel	—¿Y qué estudias?
Steve	—Me gustan las matemáticas, los idiomas, y las guías telefónicas y los cumpleaños de los mil chicos de mi colegio.
Manuel	—Y, el 6 de febrero, «Young Brain of America». ¿un día importante para Steve Ríos?
Steve	—No, el 6 de febrero no, el 5 de febrero. Sí, un día fenomenal.
Manuel	—Steve Ríos, joven, simpático e inteligente. ¡Gracias y buena suerte!

SIETE

O *Rellena las frases en tu cuaderno.*

Steve dice—

1 Mis abuelos son . . . .
2 En julio tengo diecisiete . . . .
3 Vivo en un . . . .
4 Mi hermano está en . . . .
5 La casa de mis abuelos está . . . .. de mi apartamento.
6 Mi madre es de Chicago y no habla . . . .
7 Soy famoso porque tengo memoria . . . .
8 En mi . . . hay mil chicos.
9 . . . el «Young Brain of America».
10 Me . . . las entrevistas.

P *Oral/Escrito*

¡Aquí están las respuestas! ¿Cuáles son las preguntas?

1 ¿   ?   Me llamo Steve.
2 ¿   ?   No, no tengo 17 años. Tengo 16.
3 ¿   ?   En un apartamento en Queens.
4 ¿   ?   Sí, vivo con mis padres.
5 ¿   ?   No, mi hermano no está en Nueva York.
6 ¿   ?   Sí, hablo español.
7 ¿   ?   No, mi madre no es de Puerto Rico.
8 ¿   ?   No, no hablo español con mi madre.
9 ¿   ?   Soy famoso porque tengo memoria fotográfica.
10 ¿   ?   Sí, me gustan los idiomas.
(más difíciles)
11 ¿   ?   Mil
12 ¿   ?   Sí, soy el «Young Brain of America».
13 ¿   ?   No, no me gustan las entrevistas.
14 ¿   ?   Sí, soy bastante inteligente.
15 ¿   ?   No, no olvido los cumpleaños de mis amigos.

Q *Lee*

Steve	—¿Qué es esto?
María	—Es una postal de la Giralda.
Steve	—Ah, sí, sí. Es muy famosa. ¿Dónde está la Giralda, María?
María	—Está en Sevilla. Sevilla es una ciudad fenomenal. Allí hay también una catedral muy famosa. También hay parques, bares y restaurantes. Me gusta mucho Sevilla.
Steve	—Allí hace muy buen tiempo, ¿verdad? Quiero pasar mis vacaciones en Sevilla.

Elige las frases verdaderas.

Steve dice

1 **a** La Giralda es muy famosa. **b** María es muy famosa.
2 **a** Hace buen tiempo en Sevilla. **b** Hace mal tiempo en Sevilla.
3 **a** Quiero mis vacaciones con María. **b** Quiero mis vacaciones en Sevilla.

SIETE

Serie 12.ª   25 PESETAS

Nº 023432

Permiso individual para visitar la Giralda
Billet d'entrée personnel pous visiter «La Giralda».
Permit for one person to climb the Giralda.
Einzelerlaubnis zum BESUCH der Giralda.

NOTA.—Este resguardo deberá conservarse hasta salir de la torre.
NOTE.—Ce billet doit être conservé jusqu'á la sortie.
NOTE.—Please keep this ticket till you leave the tower.
VERMERK.—Diese EINTRITTSKARTE MUS bis zum AUSGANG
aufbewahrt werden.

Serie L

Nº 024648

Santa Iglesia
SEVILLA

Permiso individual para visitar
Billet d'entrée personnel pour visiter
Permitit for one person to visit

Casa Zaragoza - Sevilla

María dice—

4 **a** Es una foto de la Giralda. **b** Es una foto de mi abuela.
5 **a** La Giralda está en Sevilla. **b** La Giralda está en Madrid.
6 **a** Sevilla es una ciudad aburrida. **b** Sevilla es una ciudad maravillosa.
7 **a** No hay parques en Sevilla. **b** Hay parques en Sevilla.
8 **a** No me gusta Sevilla. **b** Sevilla no es una ciudad aburrida.

Rompecabezas

```
P E K I N       I       C               S       V A R S O V I A
A               N       A O             U       E               R
R               G       N       L       D       N               G
I               L       A           O   A       E               E
S U I Z A       A       D       M       M       Z               N
        T       T       I           B   E       O               T
        E       E       E           I   R       L               I
        N       R       N       A       I       A               N
        A       R       S         N C   C       N               O
D A N E S       A       E               A       A L E M A N E S
```

Busca

1 La capital de China.
2 Los habitantes de Buenos Aires.
3 Una chica de Caracas.
4 Una persona de Ottawa.
5 Una chica de Bogotá.
6 De Colombia a Argentina.
7 La capital de Polonia.
8 Los habitantes de la República Federal de Alemania.
9 El idioma de Copenhague.
10 País en isla europea.
11 Capital griega.
12 País donde hablan francés y alemán.
13 Capital francesa.

Mientras tanto en Perú

Remedios Salinas llega a Carmona a las once de la noche después de un viaje muy largo. Primero por avión de Madrid a Lima,  donde pasa una noche en un hotel barato en el centro de la capital, y luego en tren de Lima a Carmona.

Una vez en Carmona va inmediatemente a la casa de sus padres. Llama a la puerta y nadie contesta. La casa está abandonada.

No hay cristales en las ventanas. La puerta de atrás está abierta. El timbre no funciona y las habitaciones están llenas de telarañas. Hace mucho viento y no hay nadie por las calles. Carmona es un pueblo fantasma . . . sus casas derrumbadas, sus calles desiertas.

De pronto un hombre llega a la casa con un burro. Lleva la cara tapada con una bufanda negra y habla con voz muy ronca.

El hombre	—Buenos días, Remedios.
Remedios Salinas [muy asustada]	—Buenas noches . . . . Hace muy mal tiempo . . . ¿Dónde está mi familia?
El hombre	—Tu familia, tus padres, cerca, muy cerca, vamos, vamos pronto.
Remedios	—Mis padres, ¿están bien?
El hombre	—Sí, muy bien, están muy bien. Hablas demasiado. Vamos. El burro lleva las maletas.

OCHO

Andan despacio, sin hablar, y llegan a la entrada de un bosque.

—¿Qué pasa? ¿Adónde vamos? —grita Remedios.
El hombre no contesta.

LIBRO DE EJERCICIOS >   OCHO   A

Hostal Residencia
* * *
Las Sirenas

Habitaciones con baño y teléfono
Aire acondicionado
Sobria decoración
SITUADO EN EL CENTRO DE LA CIUDAD

c/. Juan Bravo, n.º 30
40001 - SEGOVIA

Teléf. (911) 43 40 11 (3 líneas)

A *Contesta las preguntas.*

1 ¿Adónde llega la Sra. de Salinas a las once?
2 ¿Cómo va de España a Perú?
3 ¿Pasa la noche en Lima en un hotel caro?
4 ¿Quién contesta la puerta de la casa de sus padres?
5 ¿Cómo está la casa?
6 ¿Qué tiempo hace?
7 ¿Hay mucha gente en Carmona?
8 ¿Qué hay en las habitaciones?
9 ¿Está Remedios Salinas tranquila?
10 ¿Por qué entra el viento por las ventanas?
11 ¿Qué dice el hombre cuando la Sra. de Salinas habla?
12 ¿Adónde van con el burro?

B *Ahora contesta estas preguntas.*

1. ¿Hay telarañas en tu casa?
2. ¿Hay cristales en las ventanas de tu habitación?
3. ¿Tu colegio está derrumbado?
4. ¿En tu casa hay timbre?
5. Cuando llamas a la puerta de tu casa, ¿quién contesta normalmente?
6. ¿Hablas con voz ronca?
7. ¿Te gustan las bufandas?
8. ¿Hablas demasiado?

C *Oral/Escrito*

Elige los adjetivos correctos y escribe las frases completas en tu cuaderno.

1. Mi casa no está (abandonado/abandonadas/abandonada).
2. La puerta de mi habitación siempre está (abierto/cerrado/abierta).
3. Mis abuelos están muy (asustada/asustados/asustado) porque hay tormenta.
4. El niño está (tapada/tapado/tapados) con una manta.
5. En diciembre los parques están (desiertas/desiertos/desierto).
6. Mi padre está muy (ronca/ronco/roncos) hoy.

APRENDE 30
Nadie Nunca Nada

No habl**a nadie**. o **Nadie** habl**a**.   **Pero**   **No** compran **nada**.
No voy **nunca** o **Nunca** voy.   **No** permite **nada**.

> **LIBRO DE EJERCICIOS**   OCHO   B & C

D *Rellena con **nada**, **nadie**, **nunca**.*

1. Como no tienen coche, no van _____ al campo.
2. _____ compr**an** en el supermercado porque todo es muy caro.
3. _____ compr**a** en el supermercado porque todo es muy caro.
4. No va _____ al estadio cuando hace mal tiempo.
5. No vive _____ en la casa porque está abandonada.
6. Cuando su padre está en la taquilla no pagan _____ para entrar.
7. Las tías son muy ricas pero _____ mandan _____ .
8. No abren los domingos porque no venden _____ .
9. En mi clase _____ odia el fútbol.
10. Isabel no dice _____ cuando Carlos está en la habitación.

OCHO

E *Empareja las expresiones y completa las frases 1–10 con a–j.*

Historia de los Salinas

1 La madre va a Perú
2 Carlos llora mucho en el aeropuerto
3 Remedios Salinas está muy cansada
4 Hace mucho frío en la casa
5 Isabel compra los vuelos
6 El burro no dice nada
7 Carmona es un pueblo fantasma
8 El vuelo es muy largo
9 Isabel es buena ahora con su padre
10 Eduardo es muy desobediente

a porque está muy arrepentida.
b porque nadie vive allí.
c porque no hay cristales en la ventana.
d porque va a Francia sin permiso de sus padres.
e porque el viaje es muy largo.
f porque no está contento.
g porque los hijos son muy difíciles.
h porque las tías mandan el dinero.
i porque los animales no hablan.
j porque Perú está lejos de España.

APRENDE 31

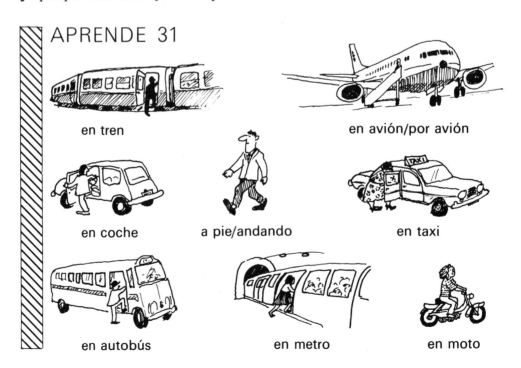

en tren

en avión/por avión

en coche

a pie/andando

en taxi

en autobús

en metro

en moto

OCHO

en bicicleta   en ambulancia

en barco/por barco   en aerodeslizador   en cohete

F *Contesta las preguntas.*

Ejemplo ¿Cómo *va* el Sr. Salinas al hospital? – **Va en ambulancia.**

1 ¿Cómo *van* los astronautas a la luna?

2 ¿Cómo *va* Carlos de la cocina a su habitación?
3 ¿Cómo va la Sra. de Salinas de Lima a Carmona?
4 ¿Cómo van Isabel y Carlos de Madrid a Lima?
5 ¿Cómo van Carlos e Isabel de Zaragoza a Madrid?
6 ¿Cómo van Carlos e Isabel de Barajas al centro de Madrid?

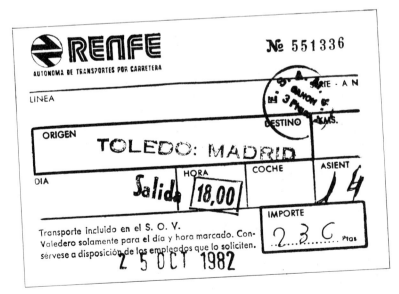

OCHO

Recuerda

¿Cómo vas? – Voy. . . . ¿Cómo viajas? – Viajo. . . .

Continúa

7 ¿Cómo vas al colegio?
8 ¿Cómo vas de tu casa a la casa de tus abuelos?
9 ¿Cómo vas del cine a tu casa?
10 ¿Cómo vas al centro de tu pueblo/ciudad?
11 ¿Cómo viajas de tu país a Méjico?
12 ¿Cómo cruzas la calle?
13 ¿Cómo cruzas el Atlántico cuando hay huelga de pilotos?
14 En tu familia ¿quién tiene bicicleta?
15 ¿Cuándo vas en taxi?
16 ¿Tiene motocicleta tu profesor/a de español?
17 ¿Hay metro en tu pueblo/ciudad?
18 ¿Viajas mucho en aerodeslizador?
19 ¿Quiénes viajan en cohete?
20 ¿Tienes carnet de conductor?

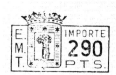

LIBRO DE EJERCICIOS   OCHO   D, E, F, G

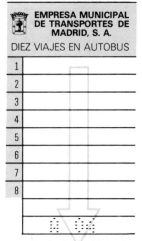

OCHO

ORAL

G *Oral/Escrito*

Describe los dibujos con las expresiones y frases sugeridas.

a ¡Ya no puedo más!
b El ascensor es muy pequeño.
c Las calles están desiertas.
d El museo no está cerrado los fines de semana.
e No hay nadie en el estadio.
f No permiten ruido en la biblioteca.
g El ascensor no funciona.
h La calle es muy estrecha.
i El estadio está atestado.
j La biblioteca no está abierta.

OCHO

APRENDE 32

rojo -a -os -as

amarillo -a -os -as

blanco -a -os -as

negro -a -os -as

Pero

rosa -a -a -a

verde -e -es -es

azul -azul -es -es

gris -gris -es -es

marrón marrón marrones marrones

naranja -a -a -a

H *Elige el adjetivo adecuado.*

1 La puerta de mi casa es (rojas/rojo/roja).
2 En Nueva York los taxis son (amarillas/amarillos/amarillo).
3 No me gustan las bufandas (verdes/verde/rojos).
4 Las maletas de la Sra. de Salinas son (marrón/marrones/negros).
5 Los cuadernos de inglés son (blanca/azules/azul).
6 El sombrero de mi madre es (grises/negra/blanco).
7 ¿Te gusta el vino tinto? No, me gusta el vino (blanco/blanca/negro).
8 Mi primo tiene un coche (rosa/amarilla/grises).
9 La bicicleta de mi hermano es (amarillo/naranja/negro).
10 Tengo una motocicleta (blanco/azul/verdes).

APRENDE 33
La Ropa

el jersey
el pulóver

los pantalones

la camisa
la blusa

la falda

los zapatos

el abrigo

OCHO

la chaqueta

la cazadora

los calcetines

la camiseta

la corbata

las botas

¡No lleva botas de fútbol!

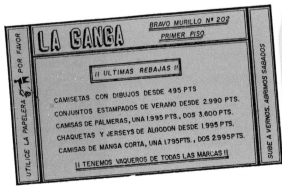

OCHO

▌ ¿De qué color es/son?

Ejemplo   ¿De qué color es la camisa de Miguel? – Es roja y blanca.

Contesta

1   ¿De qué color es la falda de tu profesora?
2   ¿De qué color son los pantalones de tu profesor/a?
3   ¿De qué color es la puerta de tu casa/apartamento?
4   ¿De qué color es la puerta de la clase?
5   ¿De qué color son tus zapatos?
6   ¿De qué color son tus calcetines?
7   ¿De qué color es el coche de tu profesor/a?
8   ¿De qué color son los autobuses en tu ciudad/pueblo?
9   ¿De qué color son los taxis en tu ciudad/pueblo?
10   ¿De qué color te gustan las camisas/las blusas?

▌ J   *Lee*

Hoy Carlos lleva pantalones verdes, camisa roja y negra, un sombrero blanco, calcetines blancos y zapatos negros. No lleva ni jersey, ni abrigo, ni corbata.
¿Qué llevas tú? Comienza: hoy llevo . . . .

El Guardarropa de María

María es una chica mejicana que está estudiando inglés en Nueva York. Su pasatiempo preferido es comprar ropa. Sus padres mandan dinero para libros pero María gasta casi todo el dinero en ropa. Vive en un apartamento muy cerca de David, con dos chicas más; una estadounidense y otra colombiana. María tiene en su habitación un guardarropa enorme que está lleno de ropa y de zapatos.

Hay unas veinte blusas de todos los colores y muchas son de seda. Tiene muchas camisetas y pulóveres. Hay chaquetas, abrigos, impermeables   y tres paraguas.

OCHO

Su color preferido es el verde.
Tiene muchos pantalones
verdes, «jeans» o vaqueros

azules y verdes, y **más de**
veinticinco pares de zapatos,
con tacón alto, sin tacón, zapatillas y zapatos
de tenis. Hay también una infinidad de calcetines,
de medias, de pañuelos y de ropa interior.

En la estantería hay dos libros: «Inglés en un Mes» y
«Los Jóvenes y la Moda».

La verdad es que María quiere abrir una tienda de
modas en Acapulco con su hermano y está buscando
ideas nuevas.

OCHO

K Oral/Escrito

*Decide si las siguientes frases son **verdaderas**, **falsas** o **probables**.*

1 María compra mucha ropa.
2 María vive con tres chicas.
3 Cuando hace mal tiempo necesita impermeable y paraguas.
4 Su color preferido es el azul.
5 Solamente tiene veinte pares de zapatos.
6 Tiene muchos pañuelos verdes.
7 Piensa que el inglés es más importante que la moda.
8 Su guardarropa no está muy lleno de ropa.
9 Compra muchas corbatas.
10 Siempre lleva pantalones.

ORAL

LIBRO DE EJERCICIOS   OCHO   H, I, J

APRENDE 34

más de (+ numeros)

menos de (+ numeros)

Ejemplos
Hay **más de** mil personas.

Son **más de** las dos.

Cuesta **menos de** $500

más que (+ nombres)
menos que (+ nombres)

Ejemplos

Come **más que** su padre.
Bebe **menos que** su novia.

más (+ nombres   o   adjetivos) que . . .
menos (+ nombres   o   adjetivos) que . . .

Ejemplos
Es **más alta que** su madre.
Tiene **más dinero que** David.

En su apartamento hay **menos libros que** ropa.

Es **menos inteligente que** su hermana.

OCHO

L *Escoge dos expresiones y completa la frase.*

1 En la clase de español
2 Las tías tienen . . . . . .
3 El viaje a Perú cuesta
4 María tiene
5 No hay nadie en el colegio
6 La Sra. de Salinas está
7 El estadio está atestado
8 Hay más de cincuenta kilómetros
9 En el guardarropa de María
10 Hay menos habitantes en Los Estados Unidos

a entre Madrid y Barcelona.
b más blusas verdes que amarillas.
c hay más zapatos con tacón alto que sin tacón.
d somos más de veinte.
e menos de mil dólares.
f porque son menos de las nueve.
g más dinero que Carlos e Isabel.
h hay más de veinte mil personas.
i que en la Unión Soviética.
j más enfadada con Isabel que con Carlos.

M *Contesta las preguntas en español.*

1 ¿Te gusta el café más que el té?
2 ¿Hay más chicos que chicas en tu clase?
3 ¿Son más de las diez?
4 ¿Tienes más de quince años?
5 ¿Eres más alto/a que tu profesor/a?
6 ¿Hay más habitantes en tu país que en Rusia?
7 ¿Hay más de seis personas en tu familia?
8 ¿Sois más de veinticinco en la clase?
9 ¿Hablas más que tu profesor/a?
10 ¿Qué cuesta más, una bicicleta o una moto?

LIBRO DE EJERCICIOS⟩   OCHO   K

OCHO

Rompecabezas

El cumpleaños de Ignacio

1 Para el cumpleaños de Ignacio hay muchos niños en su casa. En la cocina hay ocho; en el cuarto de baño cuatro menos que en la cocina; en el jardín dos más que en la cocina. Ignacio está con tres niños.

    a ¿Cuántos niños hay en la fiesta de cumpleaños?

    b ¿Dónde está Ignacio?

2 Un número menos de los meses que hay en el año, más de los días que hay en la semana, que tiene cinco letras. ¿Cuál es?

3 A las once Pedro va de su casa al museo en bicicleta y llega en cuarenta minutos. A las once y cuarto su madre va en autobús y llega en veinte minutos. A las once y media su padre va en coche y llega en once minutos.

    a ¿Quién llega primero?

    b ¿A qué hora llega Pedro?

    c ¿Cuánto tiempo espera la madre al padre?

4 *Ordena las letras y forma palabras.* yejrse, tnpaolasne, taabrco, ladaf, aemcaist, imacas, pataszo, sabot, seitccalen, girboa.

84

Un vuelo difícil

Aunque Carlos vende su tocadiscos y todos sus discos, e Isabel vende el anillo de oro, regalo de Eduardo, no tienen bastante para los billetes de avión. Pero con la ayuda de sus tías reunen el dinero para el viaje.

El vuelo Aero-Perú 197 despega de Madrid a las once y cuarto de la mañana y pronto llegan las azafatas con el menú.

Carlos e Isabel leen el menú pero no comprenden nada.

Carlos —Isabel, ¿los peruanos escriben en español?
Isabel —Sí, el menú está en español pero la verdad es que no comprendo nada.
Carlos —¡A ver! ¿Qué hay?
Isabel —Pues, para beber, chicha o chicha morada y para comer, salchipapas, anticuchos, cebiche y picarones.

Llega la azafata.

Isabel —¿Ésto qué es? ¿Quién come ésto?
La azafata —Es comida típica de Perú. La chicha es una bebida de trigo y la chicha morada, de maíz. Salchipapas son salchichas con patatas fritas y picante.
Los anticuchos son pinchos de carne y cebiche es pescado en salsa. De postre, tenemos picarones, como los churros en España, más o menos.

Isabel —Sí, mas o menos, claro. Muchas gracias. No como nada.
Carlos —Para mí, un vaso de agua y . . . . . pan.

NUEVE

Tres horas más tarde.

> *Isabel* —Ay, Carlos ¡qué hambre tengo!
> *Carlos* —¡Calla! Yo también tengo hambre y
> tengo sed, y tengo frío y tengo dolor
> de cabeza y tengo sueño . . . .

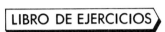

LIBRO DE EJERCICIOS ⟩   NUEVE   A

A ¿Quién dice? ¿Quién piensa? ¿Quiénes dicen? ¿Quiénes piensan?

Carlos, la azafata, Isabel.

1 «Mi anillo de oro es un regalo de Eduardo»
2 «No tengo tocadiscos»
3 «No comprendemos el menú»
4 «No me gusta la comida peruana»
5 «Quiero pan»
6 «La comida peruana es muy buena»
7 «Estoy muy cansado»
8 «La chica y su hermano no comen»
9 «Estoy explicando el menú»
10 «Estoy un poco enfermo.»

APRENDE 35
Tener

☺	tengo	tiene hambre
→ 👤	tienes	tiene sed
🚹🚺	tiene	
		tiene frío
☺☺	tenemos	
→ 👤	tenéis	tiene calor
🚹🚹	tienen	tiene sueño
		tiene miedo

NUEVE

B *Completa las frases en tu cuaderno con la ayuda de Aprende 35.*

1 Llevo abrigo porque tengo _____.
2 Cuando tengo _____ bebo un litro de agua fría.
3 Si no tengo _____, no como.
4 A las once de la noche siempre tengo _____.
5 No llevo abrigo porque tengo _____.
6 No voy al parque de noche porque tengo _____ de los ladrones.

C *Empareja las expresiones y forma frases completas. ¡Cuidado con los verbos!*

1 No necesitamos americana,
2 Tenéis sueño
3 Cuando termino las clases
4 No va al parque zoológico
5 Los abuelos están en cama
6 Si tienes sed,

a porque tiene miedo de los animales.
b siempre tengo hambre.
c tenemos mucho calor.
d porque tienen mucho frío.
e ¿por qué no bebes agua fría?
f porque estudiáis mucho.

ORAL

LIBRO DE EJERCICIOS⟩   NUEVE   B

NUEVE

RESTAURANTE LA RUEDA ESPAÑOLA

CARTA

ENTREMESES

Ensaladilla Rusa	165
Jamón y Chorizo	280
Sopa de Pollo	180
Caldo Gallego	230
Gazpacho	200
Fabada Asturiana	200
Boquerones en vinagre	180
Boquerones en escabeche	180
Huevos con Mayonesa	120
Ensalada Mixta	140

MARISCOS

Gambas a la Plancha	400
Gambas al Ajillo	400
Mejillones	390
Calamares Fritos	400
Pulpo a la Gallega	430

CARNES

Lomo de Cerdo	450
Ternera Empanada	490
Paella (mínimo dos personas)	900
Biftec Riojano	550

PESCADOS

Merluza a la Romana	500
Sardinas asadas	300
Pez Espada	700
Bacalao a la Vizcaína	390

POSTRES

Flan	160
Helados Variados	180
Fruta del tiempo	150

LEGUMBRES

Judías verdes	120
Guisantes	120
Patatas Fritas	120
Patatas Salteadas	120

PLAZA DE ESPAÑA
Está al lado del Parque de María
Luisa.
Tiene mosaicos de las provincias de
España.

VISTA DESDE LA GIRALDA
Sevilla – la capital de Andalucía.
Sevilla – ciudad de iglesias.
Sevilla – la capital del flamenco.

LA GIRALDA
. . . . . es el campanario de la
Catedral.
. . . . . tiene 25 campanas, la más
grande se llama Santa María.
. . . . . tiene 98 metros de altura.
. . . . . se sube por una rampa.

«Quien no ha visto Sevilla no ha visto maravilla.»

EL PATIO DE LOS NARANJOS DE LA MEZQUITA

EL MIHRAB DE LA MEZQUITA
Todas las mezquitas tienen su mihrab.
Es la parte más importante de la
mezquita.
El mihrab siempre está en la
dirección de La Meca.

INTERIOR DE LA MEZQUITA
Hay 619 columnas.
Las columnas rodean la catedral en
el centro.
Un magnífico ejemplo de la
arquitectura musulmana.

LA ALHAMBRA DE GRANADA

La Alhambra – palacio árabe.
«Dale limosna mujer que no hay
pena más grande que ser ciego en
Granada.»

MIJAS – PUEBLO TURÍSTICO ANDALUZ

HOSTAL DEL PUEBLO

PUEBLO EN LAS MONTAÑAS

TURISTAS COMPRANDO
ALMENDRAS GARAPIÑADAS

PLAZUELA DEL PUEBLO

Muchos turistas de la Costa del Sol
suben a Mijas a pasar el día.

Mijas es un pueblo de callejuelas,
plazuelas, cuestas y escaleras

CASAS SOBRE EL TAJO

CUESTA EN RONDA

Ronda también es un pueblo típico andaluz y turístico pero con monumentos antiguos.

La plaza de Toros es la segunda más antigua de España y en ella han toreado los más famosos matadores.

INSTITUTO LONDINENSE EN LA PLAZA DE TOROS

TOLEDO

CATEDRAL DE TOLEDO

CALLE ESTRECHA

ARTESANÍA TOLEDANA

Toledo, antigua ciudad de moros, judíos y cristianos.
En Toledo encontramos toda la historia de España.
Toledo, ciudad de El Greco.

VIVIENDAS ESPAÑOLAS

CASA ANDALUZA

CASAS COLGADAS
DE CUENCA

CASA EN TOLEDO

PATIO CORDOBÉS

Viviendas pintorescas de España, pero no
todos los españoles viven en casas como éstas.
Las capitales tienen sus urbanizaciones y
apartamentos modernos.

ARQUITECTURA ESPAÑOLA

EN MADRID
Muy cerca de la Plaza de España.

CASARES, ANDALUCÍA
Uno de los Pueblos Blancos.

EN ALCALÁ DE HENARES
Pueblo de Castilla, no muy lejos de
Madrid.

SEGOVIA

VISTA DE LA CATEDRAL
DESDE EL ALCÁZAR

Segovia está a 88 kilómetros de
Madrid.
El acueducto tiene 118 arcos.
El mejor cordero y cochinillo asado
se come en los mesones de Segovia.

ACUEDUCTO ROMANO

ALCÁZAR

MUSEO TAURINO
Un patio cordobés situado en
la judería.

LA SAGRADA FAMILIA – BARCELONA
Monumento de Gaudí, pero sin terminar.

EL ALCÁZAR
Detalle del Alcázar de
Segovia.

EL ESCORIAL
El monasterio de San
Lorenzo de El Escorial,
construido por Felipe II.

CHILENA Y CASTELLANOS EN
ALCALÁ

COLOMBIANO EN LONDRES

NICARAGÜENSES EN MANAGUA

MADRILEÑOS EN MADRID

Hay 21 países donde se habla español.

ARGENTINA

TIERRA DEL FUEGO
En el sur de Argentina.

BARRIO DE LA BOCA
En el distrito italiano de
Buenos Aires.

LA PAMPA
Llanos extensos de pastos.
Hay más cabezas de ganado que
habitantes en Argentina.

NICARAGUA

FIESTA DE SANTO DOMINGO

MINISTERIO DE
EDUCACIÓN —
MANAGUA

CALLE DE
BLUEFIELDS
Ciudad bilingüe, costa
atlántica.

— Vamos a terminar el trabajo pronto.
— Sí, tengo mucha hambre y vamos a
comer en un restaurante típico.

— ¡ Ya no puedo más! Hace mucho calor
aquí en Sevilla.
— ¡ Venga hombre! Está en orden
alfabético. Estamos en Castellón y
tenemos que llegar hasta Zaragoza.

— Castigado, pero no me importa,
porque no me gusta la paella.
— ¡ Calla! Yo sí tengo hambre y aquí
estoy sin comida y sin bañador con la
piscina aquí mismo.

— Gracias a Dios que terminamos el
trabajo. ¡ Qué rica que está la paella
vegetariana!

MACHU PICCHU
PERÚ

Ciudad Inca.
Uno de los monumentos arqueológicos
más famosos del mundo.

MENÚ DEL DÍA

Primer Plato — Sopa del día
o
ensalada de tomate

- - - - - - - - - - - - - - - -

Segundo Plato — Tortilla española
o
pollo con patatas

- - - - - - - - - - - - - - - -

Postre — Fruta del tiempo
o
helados variados

- - - - - - - - - - - - - - - -

Cerveza o vino   370 pesetas
I.V.A. 6%

CARTA DE VINOS

Tintos
Rioja '78 (media botella) 310 ptas.
Rioja '78   580 ptas.
Valdepeñas   520 ptas.
Paternina Banda Azul   410 ptas.
Vino tinto de casa (jarra) 280 ptas.

Blancos
Penedés Navarra   440 ptas.
Rioja Blanco (media) 295 ptas.
Vino blanco de casa
                    (jarra) 270 ptas.

Bebidas   Café 100 ptas.   Café irlandés   200 ptas

NUEVE

📼 *En el Restaurante*

Eduardo entra con su amiga Pilar en el «Restaurante
La Rueda Española».

Camarero	—Buenas noches.
Eduardo	—Una mesa para dos, por favor.
Camarero	—Sí señor, ... aquí . . . . en el rincón.

Pilar y Eduardo pasan un rato largo estudiando la
carta. En la mesa hay un plato de aceitunas.

Camarero	—Señorita, ¿de primer plato?
Pilar	—No quiero ni sopa, ni pescado . . . una ensalada mixta y paella para dos.
Eduardo	—No, no, un momento. No me gusta la paella.
Pilar	—Bueno, entonces, la ensalada

y ternera empanada con
patatas fritas y guisantes.

Camarero	—Muy bien. Ensalada mixta de primero, y luego ternera empanada con patatas fritas y guisantes. ¿Y para el señor?
Eduardo	—Para mí, gazpacho, gambas a la plancha,

huevos con mayonesa,

sardinas asadas

y un biftec con patatas fritas,
guisantes . . . y judías verdes.

Camarero	—Sí señor, ¿éso es todo?

NUEVE

Pilar	—Sí, éso es todo, gracias.
(a Eduardo)	¡Qué barbaridad! ¡Comes demasiado!

Eduardo	—¡Claro! . . . si tengo mucha hambre.
Camarero	—Bueno y . . . ¿para beber?
Pilar	—Sí, una botella de Rioja, una de Valdepeñas y . . .
Eduardo	—¡Bueno, bueno! ¡Ya está! ¡Qué horror! ¡Qué borracha! ¡Bebes demasiado!

Pilar	—¡Claro! . . . si tengo mucha sed.
Camarero	—¿Y de postre?
Eduardo	—Para mí . . .
Pilar	—De postre, nada. Eso es todo, gracias.

Tres horas más tarde.

Camarero	—La cuenta, señor.
Eduardo	—Gracias, la señorita paga.
Pilar	—¿Yo? ¡No! ¡Pagas tú! Y la próxima vez, con mi próximo novio, pago yo.

D *Decide si las siguientes frases son **verdaderas**, **falsas** o **probables**.*

Eduardo:
1 En casa como mucho.
2 No me interesa Isabel.
3 Me gusta Pilar.
4 No nos gusta la paella.
5 No me gustan las legumbres.
6 Mi amiga bebe demasiado.

Pilar:
7 No me gusta el pescado.
8 No me interesa comer mucho.
9 Mi amigo come demasiado.
10 No nos gusta el postre.
11 Pronto comemos juntos otra vez.
12 No me interesa Eduardo.

Tengo mucha hambre. Una mesa para cuatro, por favor.

LIBRO DE EJERCICIOS NUEVE C & D

NUEVE

APRENDE 36

Interesar

me interesa (**-n**)

te interesa (**-n**)

le interesa (**-n**)

nos interesa (**-n**)

os interesa (**-n**)

les interesa (**-n**)

Gustar

me gusta (**-n**)

te gusta (**-n**)

le gusta (**-n**)

nos gusta (**-n**)

os gusta (**-n**)

les gusta (**-n**)

Ejemplos

= Le gusta comer.

= Le gusta el fútbol.

Pero

= Le gusta**n** los libros.

¿Te interesa el fútbol? – No, me interesan los toros y también me interesa estudiar.

E *Utiliza las partes de los verbos **gustar** e **interesar***

Ejemplos

a (gustar) = Le gustan las legumbres.

b ¿No (interesar)? = ¿No os interesa el museo?

c No (interesar) = No nos interesa comer.

1 (gustar)

2 ¿ (interesar) ?

NUEVE

3 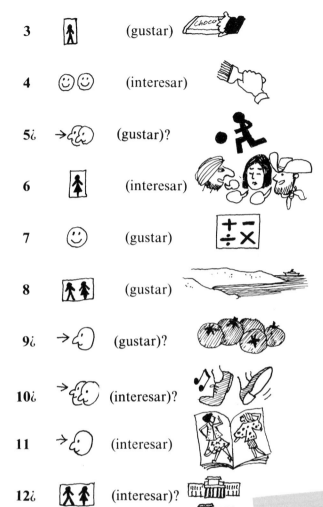 (gustar)

4 ☺☺ (interesar)

5 ¿ →😴 (gustar)?

6 (interesar)

7 ☺ (gustar)

8 (gustar)

9 ¿ →😶 (gustar)?

10 ¿ →😴 (interesar)?

11 →😶 (interesar)

12 ¿ (interesar)?

F *Contesta en español.*

1 ¿Te gusta estudiar?
2 ¿Te interesan los deportes?
3 ¿No te gusta bailar?
4 ¿Te gustan las matemáticas?
5 ¿Te interesan los idiomas?

6 ¿Te gusta viajar?
7 ¿Te interesa la moda?
8 ¿No te gusta la carne?
9 ¿Te gustan los postres?
10 ¿Te interesan los diamantes?

NUEVE

APRENDE 37

le gusta	— **A** Pepe le gusta comer
le interesan	— **A** Pepe le interesan las novelas.
les gustan	— **A** Paco y **a** mi hermano les gustan las chicas.
les interesa	— **A** mis padres no les interesa bailar.

G *Empareja las preguntas con las respuestas.*

1 ¿Te gusta la radio?
2 ¿A tu hermano le gustan los deportes?
3 ¿A tus hermanos les gustan las legumbres?
4 ¿No te interesa pintar?
5 ¿A tu padre le interesa la música moderna?
6 ¿Te interesan los trenes?

a No, no le interesa.
b Sí, me interesan mucho.
c No, no les gustan.
d Sí, le gustan mucho.
e No, no me gusta.
f Sí, muchísimo.

Entrevista con Teresa

Reportero	—¿Cómo te llamas?
Teresa	—Me llamo Teresa Colón.
Reportero	—¿Cuántos años tienes?
Teresa	—Tengo trece años.
Reportero	—¿Y dónde vives?
Teresa	—Pues, vivo en Zaragoza en España, pero ahora estoy de vacaciones con mis padres en Nueva York por dos meses.
Reportero	—¿Te gusta Nueva York?
Teresa	—Sí, me gusta mucho pero a mis padres no les gusta.
Reportero	—¿Porque no les gusta a tus padres?
Teresa	—Pues, porque no les interesan las tiendas, no les gusta el teatro, y a mi padre no le gusta la televisión americana porque no comprende el inglés.
Reportero	—Y tú, ¿qué opinas?
Teresa	—A mí, me gusta mucho Nueva York. Me gusta ir de compras . . . sí, las tiendas en Fifth Avenue me gustan muchísimo y también me interesa el teatro y me gusta escuchar inglés y español en el metro y en las tiendas.
Reportero	—Bueno. Gracias. Te deseamos unas buenas vacaciones.
Teresa	—De nada. Adiós.

NUEVE

H *Oral/Escrito*

¿Quién dice? ¿Quién piensa? ¿Quiénes dicen? ¿Quiénes piensan?

Teresa, el Sr. Colón, la Sra. de Colón, los Sres. Colón)

Ejemplo «Me gusta Nueva York» **Teresa**

1   «Vivo con mi marido y mi hija en Zaragoza.»
2   «Estoy de vacaciones con mi hija y mi mujer.»
3   «No nos gusta Nueva York.»
4   «No les interesan las tiendas.»
5   «No me gusta la televisión americana.»
6   «Sí, a Teresa le gusta muchísimo Nueva York.»
7   «Me interesa ir de compras.»
8   «A mi marido no le interesa el teatro.»
9   «Le gusta escuchar idiomas diferentes.»
10 «A tu hija le gustan las entrevistas.»

LIBRO DE EJERCICIOS   NUEVE   E,   F,   G   H

APRENDE 38
Las Comidas

el desayuno
desayunar

la comida
el almuerzo (en partes de España)
comer (verbo regular)
almorzar (ue)

la merienda
tomar la merienda
merendar (ie)

la cena
cenar (verbo regular)

NUEVE

cocinar
preparar la comida/el desayuno/
el almuerzo/la merienda/la cena

Ejemplos

tomar = beber o comer
desayunar = tomar el desayuno
merendar = tomar la merienda
No desayuno = No tomo el desayuno = No tomo nada por la mañana.

A las once tomo un café.

Por la noche tomo una tortilla.

Poner (verbo irregular)

pongo

pones

pone

ponemos

ponéis

ponen

poner la mesa

PARADOR NACIONAL DE TORDESILLAS

Les ofrecemos nuestro Buffet de desayunos
Diariamente en el Restaurante
De 8 a 11 de la mañana

Cafés o infusiones
Zumos
Bollería y repostería
Fiambres
Platos calientes
Frutas naturales y en almíbar
Quesos y derivados lácteos

NUEVE

Contesta en español.

1 ¿A qué hora desayunas?
2 ¿Qué tomas para el desayuno?
3 ¿Tomas la comida en el colegio?
4 ¿A qué hora es la comida en el colegio?
5 ¿Qué tomas para la merienda?
6 ¿Cenas sola/solo o con tu familia?
7 ¿Quién pone la mesa para la cena en tu casa?
8 ¿Quién prepara la comida los domingos en tu casa?
9 ¿Te gusta cocinar?
10 ¿A tu profesor/a le gusta cocinar?

La dieta del Sr. Salinas

Como mi familia está en Perú y no me gusta cocinar, la verdad es que como muy poco. Por la mañana, para el desayuno, tomo tostadas con mantequilla y mermelada y dos tazas de café. Después no como nada hasta la comida.

A las dos como en casa. Dos huevos fritos con patatas y, de fruta, una manzana. Luego, espero hasta la hora de la cena.

A eso de las nueve y media preparo una tortilla española de tres huevos, patatas y cebollas y bebo un vaso de vino blanco.

NUEVE

J Oral/Escrito

Contesta en español.

1 ¿Cuántos huevos come el Sr. Salinas al día?
2 ¿Desayuna solo?
3 ¿Qué bebe para el desayuno?
4 ¿Toma algo entre el desayuno y la comida?
5 ¿Le gustan los postres?
6 ¿Cuántas horas espera entre la comida y la cena?
7 ¿Bebe vino durante el día o por la noche?
8 ¿Cuáles son los ingredientes de una tortilla española?
9 ¿Cuándo come pan?
10 ¿Por qué come poco?

LIBRO DE EJERCICIOS⟩   NUEVE I & J

NUEVE

Rompecabezas

1 *La cuenta*

una paella para dos personas = 630 ptas.
dos ensaladas mixtas a 120 ptas. cada una =
dos flanes a 110 ptas. cada uno =
dos botellas de Rioja a 626 ptas. la botella =
2 × pan y cubierto a 90 ptas. por persona =

a ¿Qué toman de postre?
b ¿Qué cambio reciben de cinco mil pesetas?

2 María pregunta —¿Dónde está mi abrigo? Voy al fútbol.
Pedro pregunta —¿Dónde están los bocadillos? No quiero biftec.
Manolo dice —Es muy tarde, estoy muy cansado. Buenas noches.
Juanita dice —¡Agua, más agua por favor!
Ángeles dice —No entro sola allí.
Miguel Angel dice —Hace mucho sol en la calle, en casa estoy mejor.

a ¿Quién tiene miedo?
b ¿Quién tiene calor?
c ¿Quién tiene sed?
d ¿Quién tiene sueño?
e ¿Quién tiene frío?
f ¿Quién tiene hambre?
g ¿A quién le gusta la sombra?
h ¿A quién no le gusta la carne?
i ¿A quién le interesan los deportes?
j ¿A quién le gusta beber mucho?
k ¿A quién le gusta dormir?
l ¿A quién le interesa estar con más gente?

Delicia de manzanas a la crema

Preparación: 25 m. Cocción: 45 m.

INGREDIENTES

6 manzanas grandes, 6 huevos, 75 g. de azúcar, 2 cucharadas de mantequilla, 1 palito de vainilla, corteza de limón, mantequilla. CREMA INGLESA AL KIRSCH: 6 yemas de huevo, 150 g. de azúcar, ½ l. de leche, ½ palito de vainilla, 3 cucharadas de nata La Lechera, 3 cucharadas de kirsch.

** Hostal–Bar–Restaurante
El Triunfo

Cardenal González, 87 (Junto Mezquita-Catedral)
Tels.: 22 38 63 · 64 (dos líneas)
CORDOBA

BANQUETES – BODAS – COMIDAS DE NEGOCIOS
CENAS FLAMENCAS (Reserve su mesa)
TIPICA COCINA ANDALUZA E INTERNACIONAL

CELADA Tel. 738 31 99

🔊 ¡Mamá, mamá!

Cuando Isabel y Carlos llegan a Lima, pasan por aduana y toman un taxi a la estación de ferrocarril. Mientras Isabel va a cambiar dinero,

Carlos va a preguntar en la taquilla cuándo sale el próximo tren para Carmona.

Carlos	—¿Hay tren hoy para Carmona?
La Sra.	—¿Para Carmona? Carmona es un pueblo fantasma. Es muy peligroso. Allí no vive nadie.
Carlos	—¡No importa! ¿Hay trenes o no?
La Sra.	—Sí, claro que hay. Hay uno dentro de media hora que pasa por Carmona, y para por un minuto solamente.

Isabel vuelve con el dinero y unos bocadillos.
Carlos cuenta el dinero y compra dos billetes de ida.

Carlos	—Isabel, la señora dice que es peligroso ir a Carmona.
Isabel	—No importa si es peligroso o no. Tenemos que estar con mamá. Vamos a ver si está en Carmona. Carlos, ¡tú piensas demasiado!

Llegan muy cansados a Carmona. El tren para el tiempo justo para bajar las maletas. El andén está vacío. No hay ni guardias ni viajeros, solamente un perro ladrando.

Isabel	—Vamos detrás del perro.
Carlos	—No, no quiero. Estoy cansado.
Isabel	—¿Por qué mientes? Tienes miedo.
Carlos	—Sí, claro que tengo miedo. ¡No hay un alma en este pueblo!
Isabel	—¡Vamos con el perro!

Andan con el perro y llegan a la entrada del bosque.
A unos cien metros encuentran una choza.
   Dentro están la madre y el hombre de la bufanda negra.
En un rincón hay dos sacos llenos de monedas de oro;
la herencia de los abuelos, todo para los Salinas.

DIEZ

A *Elige la respuesta adecuada.*

1 Van a la estación de ferrocarril
   a en tren. **b** en coche. **c** en avión.

2 Hay un tren para Carmona
   a inmediatamente. **b** el domingo por la noche. **c** en treinta minutos.

3 Isabel va a
   a preparar bocadillos. **b** comprar los billetes. **c** cambiar dinero.

4 La señora de la taquilla dice que el pueblo de Carmona
   a está lleno de gente. **b** está vacío. **c** es fantástico.

5 El tren para en Carmona
   a por muy poco tiempo. **b** por media hora. **c** porque hay un perro en el andén.

6 Carlos dice que está cansado pero realmente
   a tiene frío. **b** está asustado. **c** tiene miedo de los perros.

7 Tienen que andar
   a mucho para encontrar la choza en el bosque. **b** rápidamente para encontrar la choza en el bosque. **c** un poco para encontrar la choza en el bosque.

8 Su madre está
   a sola en la choza. **b** con otra persona en la choza. **c** con los abuelos en la choza.

9 Las monedas de oro son para
   a los Salinas. **b** el hombre de la bufanda negra. **c** los abuelos.

10 Los sacos con las monedas están
   a a cien metros de la choza. **b** fuera de la choza. **c** en la choza.

DIEZ

Tener que + **infinitivo** Ir a +**infinitivo**

☺	Tengo que com**er**.	Voy a estudi**ar**.
→ 🙂	Tienes que estudi**ar**.	¿Vas a cocin**ar**?
🚻	Tiene que com**er** menos.	Va a abr**ir** la puerta.
☺☺	Tenemos que escrib**ir**.	Vamos a viaj**ar**.
→ 👥	Tenéis que cambi**ar** dinero.	Vais a baj**ar**.
🚹🚺	Tienen que arregl**ar** la habitación.	Van a sub**ir**.

B *Escoge el infinitivo de la lista sugerida.*

(parar, ser, estar, cambiar, preparar, anotar, reservar, ir de compras, estudiar, ahorrar)

1 Van a _____ porque mañana tienen exámenes.
2 Tengo que _____ dinero porque no tengo pesetas.
3 Tiene que _____ todo en un cuaderno porque olvida todo fácilmente.
4 Estudia mucho. Va a _____ profesora de matemáticas.
5 El tren va a _____ por veinte minutos.
6 No tienen bastante para el viaje. Tienen que _____ mucho dinero.
7 ¿Estás en la cocina? ¿Vas a _____ la comida?
8 No hay nada en la cocina. Voy a _____ .
9 El restaurante siempre está lleno. Tienes que _____ .
10 Voy a _____ en la oficina por la tarde.

C *Contesta en español.*

1 ¿Tienes que estudiar mucho?
2 ¿Vas a cenar con tu familia hoy?
3 ¿Cuánto tienes que pagar por la entrada en el cine?
4 ¿Tienes que poner la mesa en casa?
5 ¿A qué hora vas a cenar?
6 ¿Vas a ser piloto o profesor/a?
7 ¿Tenéis que llevar uniforme en el colegio?
8 ¿Vais a viajar a Méjico durante las vacaciones?
9 ¿Tienes que ir a la carnicería para comprar carne?
10 ¿Vas a bailar con tu profesor/a mañana?

LIBRO DE EJERCICIOS DIEZ B

APRENDE 40

Salir

(verbo irregular)

- 🙂 salgo
- →🙂 sales
- 🚹🚺 sale
- 🙂🙂 salimos
- →🙂 salís
- 🚹🚺 salen

Pensar

(verbo con radical *ie*)

- 🙂 pienso
- →🙂 piensas
- 🚹🚺 piensa
- 🙂🙂 pensamos
- →🙂 pensáis
- 🚹🚺 piensan

Volver

(verbo con radical *ue*)

- 🙂 vuelvo
- →🙂 vuelves
- 🚹🚺 vuelve
- 🙂🙂 volvemos
- →🙂 volvéis
- 🚹🚺 vuelven

LIBRO DE EJERCICIOS DIEZ C & D

DIEZ

D *Empareja la preguntas con las respuestas.*

Salir

1	¿Sales mucho los fines de semana?	**a**	No.
2	¿Tu hermano sale con Pilar?	**b**	No, no tienes que salir hoy.
3	¿Vamos a salir con tus padres?	**c**	No, solamente son amigos.
4	¿Salís mucho los fines de semana?	**d**	No, sale con Dolores.
5	Mamá, ¿tengo que salir con la abuela?	**e**	No, no salimos nunca.
6	Pilar y Eduardo salen juntos.	**f**	No, no salgo mucho.

Mentir, **P**ensar, **Q**uerer, **V**olver, **C**ontar, **En**contrar

7	¿Piensas salir con tus hermanos?	**g**	No, porque nunca tengo mucho.
8	¿Vuelves tarde a casa?	**h**	No, no me gustan los colegios.
9	¿Mientes mucho?	**i**	No, es fácil.
10	¿Cuentas siempre el dinero que tienes?	**j**	No, pienso estar en casa.
11	¿Encuentras el español difícil?	**k**	No, nunca miento.
12	¿Quieres ser profesor/a?	**l**	No, vuelvo a las siete.

E *Escucha y decide qué dibujo están describiendo.*

F *Escucha y decide qué dibujo están describiendo.*

DIEZ

G *Escucha y decide qué dibujo están describiendo.*

a

b

c

d

e

f

APRENDE 41
Los Deportes/Juegos

El béisbol
Está jugando **al** béisbol.

La pelota vasca
(el frontón)
Está jugando **a la** pelota vasca.

Las cartas
Están jugando **a las** cartas.

Los dardos
(las flechas)
Están jugando
a los dardos.

El fútbol
Están jugando **al** fútbol.

El ajedrez
No hay nadie
jugando **al** ajedrez.

Aprende también   el golf el tenis el billar el rugby el baloncesto el fútbol americano (todos con jugar).

LIBRO DE EJERCICIOS   DIEZ   E, F, G, H, I

DIEZ

H *Contesta en español.*

1 ¿Te gusta jugar al fútbol?
2 ¿Te interesa el tenis?
3 ¿No te gusta jugar al ajedrez?
4 ¿Te gusta mirar el atletismo en la televisión?
5 ¿Cuál es el deporte nacional de tu país?
6 ¿A los rusos les gusta jugar al béisbol?
7 ¿El fútbol es popular en Brasil?
8 ¿Te gusta la natación?
9 ¿Te interesa mucho el golf?
10 ¿Comprendes el cricket?

I *Oral/Escrito*

1 ¿Cuántos jugadores hay en un equipo de fútbol?
2 ¿Cuántas personas hay en un equipo de fútbol americano?
3 ¿Cuántas cartas hay en una baraja?
4 ¿Cuántas piezas blancas hay en una tabla de ajedrez?
5 ¿Cuánto tiempo dura un partido de fútbol internacional?
6 ¿Cuántos hoyos hay en un campo de golf?
7 ¿Cuántas personas hay en un equipo de rugby?
8 ¿El balón de fútbol es más grande que el balón de baloncesto?
9 ¿A qué deporte van más espectadores, al fútbol o al baloncesto?
10 ¿De qué color es el paño de la mesa de billar, normalmente?

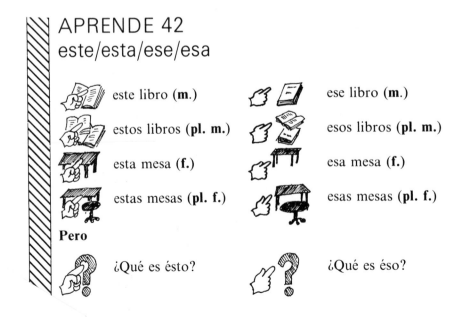

APRENDE 42
este/esta/ese/esa

este libro (**m.**)   ese libro (**m.**)

estos libros (**pl. m.**)   esos libros (**pl. m.**)

esta mesa (**f.**)   esa mesa (**f.**)

estas mesas (**pl. f.**)   esas mesas (**pl. f.**)

Pero

¿Qué es ésto?   ¿Qué es éso?

DIEZ

J Oral/Escrito

*Escoge **este**, **esta**, **estos**, **estas**.*

Ejemplos   libros – estos libros – mesa – esta mesa

1 piscina   **2** chico   **3** chica   **4** casas   **5** café   **6** ventana   **7** perros
8 pantalones   **9** noche   **10** guisantes.

K Oral/Escrito

*Escoge   **ese**, **esa**, **esos**, **esas**.*
1 camisa   **2** gaseosa   **3** impermeable   **4** cocina   **5** teatros   **6** colegios
7 amigas   **8** ropa   **9** madrugada   **10** tarde

L   *Mira los dibujos y escribe **este**, **esta**, **estos**, **estas**, **ese**, **esa**, **esos**, **esas**.*

Ejemplo   – ese hombre   – estos hombres

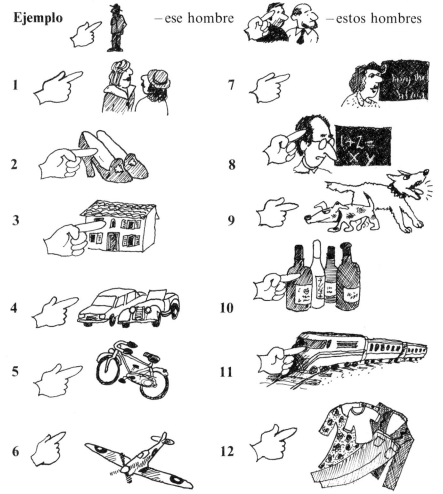

123

DIEZ

M Casi-definiciones

Escoge la palabra o la frase que explica lo escrito a la izquierda.

1	*Este libro*	—está allí, está lejos, está aquí.
2	*Estas casas*	—están allí, está aquí, están aquí.
3	*Nunca salgo*	—estoy en casa, estoy en la calle, estoy en el parque.
4	*Miente*	—no dice nada, no dice la verdad, nunca dice nada.
5	*Quiero*	—no me gusta, deseo, no me interesa.
6	*La cuenta*	—números, palabras, frases.
7	*Setenta*	—más de ochenta, menos de sesenta, menos de ochenta.
8	*Vuelven a pie*	—llegan en coche, llegan andando, llegan en avión.
9	*Monedas*	—comida, dinero, cambio.
10	*Una choza*	—casa pequeña, un bosque, un teatro.
11	*No tienen que . . .*	—es necesario, no es necesario, no tienen dinero.
12	*Van a viajar*	—mañana, tarde, de pronto.
13	*Sudamericana*	—paraguayo, panameña, venezolana.
14	*Ayuda*	—va al parque, pone la mesa, vuelve tarde.
15	*Una dieta*	—sin comer, sin hablar, sin leer.

Mariano Salinas no está en Zaragoza

N *Escribe las frases en el orden correcto.*

1 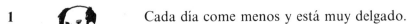 Cada día come menos y está muy delgado.

2 Cuando el avión va a aterrizar en Lima hay una tormenta.

3 Va en ambulancia directamente del aerupuerto al hospital.

4 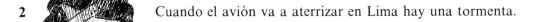 Mariano Salinas está muy triste en Zaragoza sin su familia.

5 Cuando llegan a Chile el Sr. Salinas sufre un ataque cardiaco.

DIEZ

6 Decide comprar un billete de Madrid a Lima.

7 Está en el quirófano donde hay dos cirujanos.

8 El piloto decide no aterrizar y el avión tiene que ir a Santiago de Chile.

O *Ahora escribe la historia en diferentes palabras. Escribe en el orden correcto.*

1 Va a la agencia de viajes y arregla el vuelo a Sudamérica.
2 Necesita una operación urgentemente.
3 No le interesa cocinar y pesa menos que nunca.
4 La azafata nota que el Sr. Salinas está muy enfermo.
5 Hace muy mal tiempo en la capital de Perú.
6 A Mariano Salinas no le gusta estar sin su mujer y sus hijos.
7 El capitán lleva el avión a la capital de Chile.
8 Llegan los enfermeros por el Sr. Salinas y van directamente al quirófano.

> **LIBRO DE EJERCICIOS**   DIEZ   J

Rompecabezas

Las Tardes de Ángeles

1 Tiene que ir a casa de sus abuelos los domingos. Tiene que estudiar en casa los lunes y los martes. Tiene que salir con sus padres los viernes y los sábados.
Tiene que merendar en casa de sus primos los jueves. Sale con sus amigos los miércoles.
  a ¿Cuándo es posible hablar por teléfono con Ángeles?
  b ¿Qué tarde no está con familiares?
  c ¿Qué tardes no está en casa?

2 *Escribe las palabras en tres grupos.* ferrocarril, tortilla, compartimiento, loco, destrozado, anticuchos, billete, contento, estación, taquilla, enfermo, Rioja, tren, churros, estúpido, andén, paella, lento, chicha, picarones, aburrido.

3 *Madrid – ¿Cuáles descripciones son aptas y cuáles no son?* capital, peruano, seis letras, español, en la costa, sudamericano, en el centro, europeo, pueblo, país, ciudad, andaluz.

Sospechas

Esa noche los Salinas están muy contentos. Como está el hombre de la bufanda negra con ellos, no hablan mucho. Se acuestan temprano y duermen bien.

Carlos se despierta antes que los otros, se levanta y va al riachuelo cerca de la barraca donde se lava con el agua fresca. Cuando vuelve se están levantando los demás.

Con el burro cargando los dos sacos con las monedas de oro, comienzan a andar hacia Carmona. Cuando llegan a la estación hay cuatro hombres esperando:

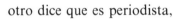
uno tiene una escopeta y dice que es soldado,

otro dice que es periodista,

el tercero dice que es ministro del gobierno peruano,

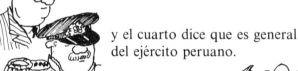
y el cuarto dice que es general del ejército peruano.

Pero lo peor es que todos dicen que el tesoro no es de los Salinas sino del gobierno peruano. El hombre de la bufanda negra sabe que estos hombres no son quienes dicen que son. Un silencio espeluznante reina entre ellos. La Sra. de Salinas y Carlos lloran pero tienen mucho miedo y no dicen nada. Isabel piensa que son ladrones.

El tren llega y entran todos en un compartimiento, el «soldado» armado siempre detrás del grupo.

ONCE

Después de media hora de viaje Carlos dice que quiere ir al aseo. Con permiso del «soldado» sale del compartimiento y nota que los sacos están al lado de la puerta.

A la vuelta, muy rápidamente, abre la puerta, empuja un saco con el pie y salta del tren.

Rodeado de monedas de oro, Carlos se desmaya. Al rato, vuelve en sí, le duele el brazo derecho. Se levanta, trata de andar, pero es imposible. Ahora le duele casi todo el cuerpo, especialmente la pierna y el brazo.

Pero Carlos no resiste la lluvia y el frío y cae inconsciente. Mientras tanto el tren está llegando a la ciudad de Ica. Cuando va a ver dónde está Carlos, el hombre de la bufanda nota que la puerta está abierta y también salta del tren.

A *Oral/Escrito*

Elige la respuesta adecuado

1 Carlos se despierta
   a después que los otros. **b** antes que los otros. **c** muy tarde.

2 Cerca de la choza
   a hay un cuarto de baño. **b** no hay agua. **c** hay un río pequeño.

3 **a** El burro **b** Todos **c** El hombre de la bufanda
   . . .lleva las monedas.

4 Los cuatro hombres dicen que son
   a ladrones. **b** fantasmas. **c** personas muy importantes.

5 Isabel piensa que el tesoro es de
   a la familia Salinas. **b** los ladrones. **c** los peruanos.

6 Los Salinas no hablan porque
   a están aburridos. **b** tienen mucho frío. **c** están asustados.

7 Los Salinas suben al tren
   a detrás del soldado. **b** con el soldado. **c** delante del soldado.

8 Carlos salta del tren cuando
   a va al aseo. **b** está en el aseo. **c** vuelve del aseo.

9 Cuando salta, Carlos cae
   a muy bien. **b** antes que el saco. **c** muy mal.

10 Le duele mucho
   a todo el cuerpo. **b** el brazo izquierdo. **c** la cabeza.

11 El hombre de la bufanda salta del tren
    a porque le gusta saltar. **b** porque quiere ir a Ica. **c** porque la puerta está abierta.

12 Ahora hay
    a cuatro hombres y dos mujeres. **b** dos mujeres y seis hombres. **c** tres hombres y dos mujeres.

LIBRO DE EJERCICIOS   ONCE   A

APRENDE 43
Verbos irregulares

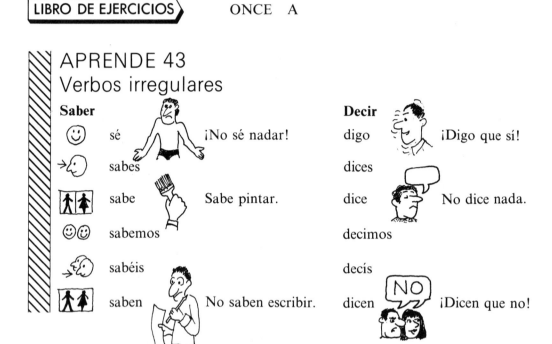

Saber

sé   ¡No sé nadar!

sabes

sabe   Sabe pintar.

sabemos

sabéis

saben   No saben escribir.

Decir

digo   ¡Digo que sí!

dices

dice   No dice nada.

decimos

decís

dicen   ¡Dicen que no!

B   *Aquí estan las respuestas. Elige las preguntas de la lista sugerida.*

1 «No, no decimos adónde vamos»
2 «No, su padre tiene que cocinar»
3 «Sí, piensan que está en el cajón.»
4 «No quiero ir a clase.»
5 «No digo nada.»
6 «Claro que sí.»

a   ¿Saben dónde está la llave?
b   ¿Decís adónde vais cuando salís de noche?
c   ¿Qué dice un chico que odia el colegio?
d   ¿Qué dices cuando estás **durmiendo?**
e   ¿Sabes escribir?
f   ¿Sabe cocinar?

ONCE

C *Contesta en español.*

1 ¿ Sabes jugar al ajedrez?
2 ¿ Sabes dónde está Correos?
3 ¿ No sabes escribir?
4 ¿ Quién sabe más, tú o tu profesor/a?
5 ¿ Sabes cuántos habitantes hay en tu país?
6 ¿ Qué dices cuando recibes un regalo?
7 ¿ Qué dices cuando sales de casa por la mañana?
8 ¿ Qué dices cuando llegas a un restaurante a las diez de la noche?
9 ¿ Qué dice tu profesor/a cuando entra en la clase?
10 ¿ Qué dices cuando no quieres hablar?

D *Escucha la cinta y decide qué dibujo están describiendo.*

APRENDE 44
Verbos Reflexivos

Lavarse (regular)

Despertarse (radical **ie**)

me lavo me desp**ie**rto

te lavas te desp**ie**rtas

se lava se desp**ie**rta

nos lavamos nos despertamos

os laváis os despertáis

se lavan se desp**ie**rtan

levantarse

peinarse

afeitarse

maquillarse

sentarse (**ie**)

acostarse (**ue**)

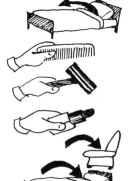

E *Contesta en español.*

1   ¿ A qué hora te despiertas por la mañana?
2   ¿ Te levantas antes que tus padres?
3   ¿ Dónde te lavas?
4   ¿ Te afeitas o te maquillas? (ni . . . ni . . .)
5   ¿ Te peinas con un peine o con un cepillo?
6   ¿ A qué hora te acuestas normalmente?
7   ¿ Te sientas al lado de tu profesor/a en clase?
8   ¿ Te lavas por la mañana con agua fría o caliente?
9   ¿ Quién se afeita en casa?
10   ¿ Duermes bien si te acuestas muy temprano?

LIBRO DE EJERCICIOS   ONCE C & D

ONCE

F *Describe los dibujos. Utiliza* ***luego, entonces, después, a las*** . . .

Un día en la vida de Arturo

APRENDE 45
Es de–Son de

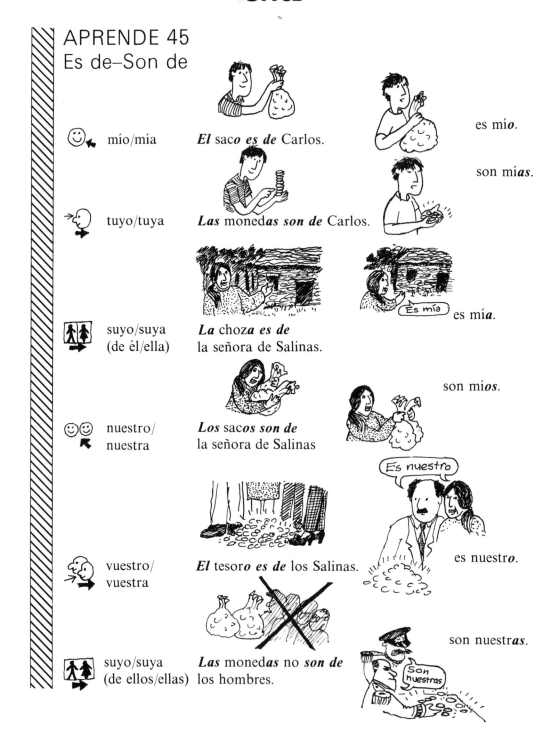

☺	mío/mía	*El* sac*o* *es de* Carlos.
		es mí*o*.
		son mí*as*.
	tuyo/tuya	*Las* moned*as* *son de* Carlos.
	suyo/suya (de él/ella)	*La* choz*a* *es de* la señora de Salinas.
		es mí*a*.
		son mí*os*.
☺☺	nuestro/ nuestra	*Los* sac*os* *son de* la señora de Salinas
	vuestro/ vuestra	*El* tesor*o* *es de* los Salinas.
		es nuestr*o*.
		son nuestr*as*.
	suyo/suya (de ellos/ellas)	*Las* moned*as* no *son de* los hombres.

Es mía

Es nuestro

Son nuestras

ONCE

G *Elige*

1 Los hombres dicen que *las* monedas son
  (del gobierno peruano/de la Sra. de Salinas/suyos).
2 Isabel piensa que *el* tesoro es
  (de los Salinas/suya/de los hombres).
3 La Sra. de Salinas dice que *la* choza es
  (suya/mía/tuya).
4 Carlos dice que *las* monedas son
  (suyos/mías/suyas).
5 El hombre de la bufanda sabe que *el* tesoro es
  (del gobierno/de la familia/suya).

H *Escribe* ***mío/a***, ***tuyo/a***, ***suyo/a*** *etc.*

Ejemplos mi cas*a* – es mí*a* – nuestr*as* faldas – son nuestr*as*
1 su casa. 2 tu cepillo. 3 mi peine. 4 su restaurante. 5 tu cerveza.
6 mis hijos. 7 mi guardarropa. 8 vuestras bicicletas. 9 los libros de Carlos.
10 la corbata del Sr. Salinas.

I *Oral/Escrito*

Elige qué frase va con cada dibujo.
(Son suyas. Es nuestra. Es suyo. Son nuestras. Son suyos. Son nuestros.)

APRENDE 46
El cuerpo de Don Idiota

Don Idiota dice

me duele la cabeza = tengo dolor de cabeza

me duele el estómago = tengo dolor de estómago

me duelen las muelas = tengo dolor de muelas

A Don Idiota

   le duele el brazo

   le duele la barbilla

   le duelen las rodillas

   le duelen los dedos del pie

> **DOLER**
> me duele (−n)
> te duele (−n)
> le duele (−n)
> nos duele (−n)
> os duele (−n)
> les duele (−n)

LIBRO DE EJERCICIOS   ONCE   F & G

ONCE

J *Escucha y decide quién está hablando.*

María	Pilar	Isabel	Teresa	Carlos

La Sra. de Salinas	Ahmed	Steve	El Sr. Salinas	Eduardo

K *Contesta en español.*

1   ¿Vas al médico cuando te duele la cabeza?
2   ¿Te duele el estómago cuando comes demasiado?
3   ¿Tomas calmantes cuando tienes dolor de muelas?
4   ¿Cuándo vas al dentista?
5   ¿Andas bien cuando te duele la pierna?

Empareja las preguntas con las respuestas.

6	¿Te duelen los ojos?	**a**	Sí me duele.
7	¿Le duelen los oídos?	**b**	Sí, les duelen.
8	¿Te duele la rodilla?	**c**	Sí, le duele.
9	¿Les duelen las manos?	**d**	No, no me duelen.
10	¿Le duele el píe?	**e**	Sí, le duelen.

ONCE

APRENDE 47
Profesiones y Oficios

_ Profesor/a | Médico Doctor/a | Jardinero/a | Minero/a

Futbolista | Secretario/a | Abogado/a | Cartero

Dentista | Ingeniero | Taxista | Dependiente/a

No tiene trabajo – No trabaja – está desempleado/a – está parado/a – está en paro.

Ejemplos Mi padre es taxista. Mis tías son jardineras.

ONCE

L *Empareja las frases.*

1	Es médico,	**a**	trabaja en una oficina.
2	No tengo trabajo,	**b**	me gusta sacar muelas.
3	Es jardinero,	**c**	trabaja en una escuela.
4	Es secretario,	**d**	trabaja en el hospital.
5	Es cartero,	**e**	está todo el día en la calle.
6	Soy taxista,	**f**	pero le gustan todos los deportes.
7	Somos dependientes,	**g**	trabaja en el parque municipal.
8	Es maestro,	**h**	trabajamos en Almacenes Italianos.
9	Es futbolista,	**i**	estoy todo el día en la calle.
10	Soy dentista,	**j**	estoy en paro.

> **LIBRO DE EJERCICIOS** ONCE H

APRENDE 48

1°	primero/a	4°	cuarto/a	7°	séptimo/a	10° décimo/a
2°	segundo/a	5°	quinto/a	8°	octavo/a	
3°	tercero/a	6°	sexto/a	9°	noveno/a	

Ejemplos

Carlos es el primero en la clase.

Isabel no es la primera en la clase.

Carlos es *el* prime*r* chic*o* en la cola.
> **O**
Es el chic*o* primer*o* en la cola.

Isabel es *la* primer*a* chic*a* en la cola.
> **O**
Es *la* chic*a* primer*a* en la cola.

M *Oral/Escrito*

Escoge

1 Enero es el (primer/primero) mes del año.
2 Miércoles es el (tercer/tercero) día de la semana.
3 Valparaíso es la (segundo/segunda) ciudad de Chile.

4   El 31 de diciembre es el (último/última) día del año.
5   Me llamo Ana. Tengo tres hermanas mayores. Soy la (cuarto/cuarta).
6   Me llamo Juan-José. Tengo dos hermanos mayores. Soy el (tercer/tercero).
7   Somos tres hermanos y una hermana. Soy el (tercer/tercero) hijo.
8   Noviembre es el (undécimo/undécima) mes del año.
9   Juanito es el (primer/primero) y Juanita es la (quinto/quinta).
10 Es el (primer/primero) médico que tenemos en este pueblo.

LIBRO DE EJERCICIOS   ONCE   I

APRENDE 49
Comenzar a+ infinitivo

☺   comienzo a (+ infin.) Comienzo *a* estudi*ar* a las nueve.

→☺   comienzas a (+ infin.)

👫   comienza a (+ infin.) Comienza *a* desayun*ar* a las siete.

☺☺   comenzamos a (+ infin.)

→☺   comenzáis a (+ infin.)

👫   comienzan a (+ infin.) Comienzan *a* trabaj*ar* el lunes.

Pero sin a (+ infin.) –Comienza el trabajo el lunes.

Terminar de+ infinitivo

☺   termino de (+ infin.)

→☺   terminas de (+ infin.) ¿Terminas *de* trabaj*ar* hoy?

👫   termina de (+ infin.)

☺☺   terminamos de (+ infin.) Terminamos *de* jug*ar* a la una.

→☺   termináis de (+ infin.)

👫   terminan de (+ infin.) Terminan *de* cen*ar* muy tarde.

Pero sin *de* (+ infin.) –Terminan la cena tarde.

N *Contesta en español.*

1 Cuando el profesor sale de la clase ¿comienzas a hablar?
2 ¿Terminas de desayunar antes de las ocho?
3 ¿A qué hora comienzas a estudiar por la noche?
4 ¿A qué hora terminan las clases en tu colegio?
5 ¿Cuándo comienzan las vacaciones de verano?
6 ¿Qué dice el profesor cuando comenzáis a gritar en clase?
7 ¿En qué mes comienza a nevar en tu país?
8 ¿Adónde vas cuando terminas de mirar la televisión de noche?
9 ¿Quién comienza normalmente a lavar los platos en casa?
10 ¿Es posible comenzar a aprender a conducir con 16 años en tu país?

María:

Voy a una fiesta con mis amigas.
Comienza a las ocho y no termina
hasta las once y media.
¿Vuelvo sola o no? ¿Qué piensas?
Te llamo.

Isabel

ORAL

LIBRO DE EJERCICIOS ONCE J & K

ONCE

📼 *En el hospital*

Carlos vuelve en sí. Está en una sala particular en un hospital. Las paredes son todas blancas; sobre una mesita hay vendas, algodón y una nota.

Carlos no puede moverse. Tiene la pierna derecha y el brazo izquierdo vendados. La nota dice: «Desde la cama puedes ver una bandera»

Carlos mira hacia la ventana y nota que no muy lejos, hay una bandera y no es la bandera de Perú, sino la bandera de Chile.

Entonces entra una enfermera y Carlos pregunta en seguida:

—¿Dónde estoy? ¿Dónde está mi familia?
—Estás en Santiago de Chile, tu padre está en el quirófano, y hay dos cirujanos operando – contesta la enfermera.
—¿En Chile? ¡Imposible! ¿Mi padre está aquí? No puede ser.
Y mi hermana Isabel, mi madre, ¿dónde están?—pregunta Carlos, completamente sorprendido.
—¿Qué madre? ¿Quién es Isabel? No sé nada, —dice la enfermera.

APRENDE 50
Poder + infinitivo

😊	puedo	no puedo and**ar**
😊→	puedes	
🚹🚺	puede	no puede sal**ir**
😊😊	podemos	
😊😊→	podéis	
🚹🚺	pueden	pueden entr**ar**

No puedo andar.

ONCE

O *Elige la respuesta de la lista sugerida.*

1 ¿Por qué hay vendas y algodón en la mesita?
2 ¿Por qué no puede moverse Carlos?
3 ¿Por qué no puede ver la bandera de Perú?
4 ¿Por qué está su padre en el quirófano?
5 ¿Por qué dice Carlos que su padre no puede estar en Chile?
6 ¿Por qué dice la enfermera que no sabe nada?

a Porque está muy enfermo.
b Porque está en Chile.
c Porque Carlos está en un hospital.
d Porque piensa que está en España.
e Porque no sabe quién es Isabel.
f Porque le duele todo el cuerpo.

Rompecabezas

1 *Busca las soluciones. Con la primera letra de* **a**, *la segunda de* **b**, *la tercera de* **c** *etc. es posible formar una capital.*
   a tres menos dos
   b cinco y cinco
   c transporte del hospital
   d iglesia principal
   e ir a la calle
   f pelota vasca
   g oliva
   h lugar donde comer
   i legumbres pequeñas, redondas y verdes.
   j totalmente
   k los habitantes de Canadá

2 Pedro vive en el noveno piso, Juan en el quinto y Felipe en el tercero. Julián vive más cerca de Juan que de Felipe. Pilar vive más lejos de Pedro que de Felipe. Felipe sube menos escaleras que todos.
   a ¿Quién vive en el octavo piso?
   b ¿Quién tiene que subir más escaleras?
   c ¿En qué piso vive Pilar?

APRENDE 51
El Pretérito

	Bajar	**Vender/Salir**	**Ir** (a) (irregular)
☺	baj*é*	vend*í*/sal*í*	fui
→☺	baj*aste*	vend*iste*/sal*iste*	fuiste
👫	baj*ó*	vend*ió*/sal*ió*	fue
☺☺	baj*amos*	vend*imos*/sal*imos*	fuimos
→☺	baj*asteis*	vend*isteis*/sal*isteis*	fuisteis
👫	baj*aron*	vend*ieron*/sal*ieron*	fueron

Isabel y su madre

En Ica, Isabel, su madre y los cuatro hombres bajaron del tren y fueron directamente a un coche blanco que salió de la ciudad y se dirigió hacia las montañas.

Después de dos horas y media de viaje dejaron la carretera principal y pronto llegaron a unas cuevas. Allí había dos hombres más. Llevaron a Isabel y a su madre a una cueva, donde había dos colchones, un cubo, y un libro; la Santa Biblia.

DOCE

El «periodista» pasó toda la noche de guardia en la entrada de la cueva. Isabel fue a hablar, a implorar, pero el «periodista» solamente habló con ellas cuando llegó con la sopa, (más agua que sopa) a las nueve de la noche.

Así pasaron una semana; sin comer mucho, sin dormir, y un día porque Isabel gritó y protestó, llevaron a su madre a otra cueva.

A ¡*Estas frases no son verdaderas! Escribe la versión correcta.*

1 Bajaron del tren los hombres solos.
2 En un coche blanco se dirigieron hacia la ciudad.
3 Había dos hombres más en la carretera principal.
4 No había nada dentro de las cuevas.
5 El «periodista» pasó la noche hablando con Isabel.
6 Cenaron muy bien.
7 Pasaron una semana en un hotel de cinco estrellas.
8 Isabel nunca protestó.
9 Llevaron a la Sra. de Salinas a otra cueva porque no había bastantes colchones.
10 Los hombres no son muy crueles.
11 Isabel está más contenta porque ahora tiene dos colchones.
12 El «periodista» habla mucho de noche.

B *Escribe las frases en el pretérito.*

Ejemplo Isabel **va** a Perú – Isabel *fue* a Perú.

1 *Bajan* del tren en Ica.
2 *Van* en coche a las montañas.
3 *Llegan* a unas cuevas.
4 No *ven* camas en las cuevas.
5 El «periodista» *pasa* la noche de guardia.
6 Un día Isabel *protesta*.
7 *Llevan* a la madre a otra cueva.
8 *Pasan* muchas noches sin dormir.
9 La primera semana no *comen* mucho.
10 «No *tomo* la sopa.»

DOCE

C *Contesta en español utilizando* **ayer** *o* **anoche** *en la respuesta.*

Ejemplo ¿Fuiste a la discoteca? – No, anoche no fui a la discoteca.

1 ¿Fuiste al cine?
2 ¿A qué hora cenaste?
3 ¿Qué cenaste?
4 ¿Miraste la televisión?
5 ¿Terminaste los deberes?
6 ¿A qué hora te acostaste?

Utiliza **esta mañana** *en la respuesta.*

7 ¿A qué hora te levantaste?
8 ¿Te lavaste?
9 ¿Desayunaste solo/a?
10 ¿A qué hora saliste de casa?
11 ¿Llegaste al colegio temprano? (Llegué)
12 ¿Hablaste con el director?

> **LIBRO DE EJERCICIOS**   DOCE   A & B

APRENDE 52
Verbo+ a+ personas

VER

Presente		Pretérito
☺	veo	vi
😄	ves	viste
👫	ve	vio
☺☺	vemos	vimos
👥	veis	visteis
👫	ven	vieron

De la ventana ve los coches

pero

De la ventana ve *a* los chicos.

Vio un perro en la cama.

pero

Vio *a* su hermano en la cama.

DOCE

D *Escribe la versión correcta.*

1 Lavan (a los/los) platos.
2 Lavan (al/el) bebé.
3 No ven (a sus/sus) abuelos.
4 Llaman (a/al) Pedro.
5 Adoran (al/el) apartamento.
6 Escuchan (a los/los) discos.
7 No escuchan (al/el) profesor.
8 Odian (a los/los) museos.
9 Olvidan (a los/los) amigos.
10 Necesita (a sus/sus) tíos.
11 Miran (a la/la) televisión.
12 Ayudan (al/a) chico.

E *Escoge*

1 No entiendo a las (profesoras/matemáticas).
2 Estoy buscando mis (amigos/libros).
4 Llevé las (flores/chicos) al hospital.
4 Encontré a (mil pesetas/mis abuelos) en la calle.
5 Empujó (el saco/su hermano).
6 Mandaron a (la carta/sus hijos) a Buenos Aires.
7 Adora a (su hermana/la costa).
8 No ve (las tiendas/los niños) de la ventana.
9 Olvidaron (los deberes/los primos).
10 No escuchan (el profesor/la radio).

Rosario:

Vi a tu hermano ayer en el
mercado pero no me habló.
Decidí visitarte pero no
había nadie en casa.
Vuelvo mañana.
Bárbara.

DOCE

 *De nuevo con su padre*

Carlos pasó dos horas en su sala particular, pensando en sus padres y en su hermana. De pronto entró la enfermera empujando una camilla. Carlos vio a su padre. La enfermera dejó la camilla al lado de la cama y salió.

Carlos   —¡Papá! ¿Tú aquí? ¿Qué pasó?
El Sr. Salinas   —Carlos, ¿cómo voy a vivir sin mi familia? Hijo mío, sufrí mucho, sin comer. . . pensando todo el día. . . .

Carlos   —Papá, no sé dónde están mamá e Isabel. No sé qué hacer. Papá, no estás respirando bien. . . la operación. . . ¿Por qué?
El Sr. Salinas   —Un ataque cardiaco . . . los apuros casi acabaron conmigo. Hijo, sé muy bien por qué estás aquí y sé que tu madre y tu hermana están en gran peligro. No puedo hablar más. Me canso, me canso mucho.

Como Carlos vio que no había nadie cerca para ayudar a su padre, no habló más y descansaron un rato.

APRENDE 53

Presente	Pretérito imperfecto	Verbo irregular (pretérito)
Hay	**Había**	**Decir**

Ejemplos

¿Cuántos hombres **hay** hoy?

Hay un hombre./**Hay** diez.

¿Cuántos hombres **había** ayer?

Había uno./**Había** diez.

☺ dije

→☺ dijiste

🚹🚺 dijo

☺☺ dijimos

→☺☺ dijisteis

🚹🚺 dijeron

DOCE

F *Escribe las frases en orden correcto.*

1 Dejó al Sr. Salinas con Carlos y salió en seguida.
2 También dijo que pasó mucho tiempo pensando en su familia,
3 Carlos preguntó por qué necesitó su padre una operación.
4 El padre dijo que sufrió mucho en España.
5 La enfermera entró con el Sr. Salinas.
6 y que sufrió un ataque cardiaco.
7 Cuando no había nadie en la sala comenzaron a hablar.
8 Carlos notó que su padre se cansó mucho,
9 no hablaron más y descansaron un poco.
10 y como vio que no había nadie con ellos,

> **LIBRO DE EJERCICIOS** DOCE C, D, E

G *¡Empareja!*

1 Fue al médico.

2 «Fui a comprar medicinas.»

3 La farmacia está abierta.

4 «Fui al dentista.»

5 «Fuimos a comprar medicinas.»

6 La farmacia está cerrada.

7 Fueron al médico.

8 «Fuimos al dentista.»

9 ¿Por qué no fuisteis al médico?

10 ¿Por qué no fuiste al médico?

a
b
c
d
e
f
g
h
i
j

DOCE

APRENDE 54
buen/bueno/a

un chico bueno

un buen chico

Pero

una cena **buena**

una buena cena

también mal/malo/a

gran/grande

una casa grande

una gran casa

un coche grande

un gran coche

Hacer (*verbo irregular*)

presente	pretérito
hago	hice
haces	hiciste
hace	hizo
hacemos	hicimos
hacéis	hicisteis
hacen	hicieron

H *Escoge*

1 Cuando sale de noche no (hace/hizo) los deberes.
2 (Hace/Hizo) el trabajo y luego fue al cine.
3 Cuando no tengo dinero no (hago/hice) nada.
4 Fuimos el campo por dos días, pero (hizo/hace) mucho frío.
5 ¿Qué (hacemos/hicimos) aquí? No hay nadie.
6 ¿Qué (haces/hiciste) cuando llegó tu padre?
7 ¿Qué (hacéis/hicisteis) cuando hace mal tiempo?
8 Dijo que no (hace/hizo) nada porque llegó muy tarde.
9 (Hacen/Hicieron) una (gran/grande) fiesta y fueron todos sus amigos.
10 (Hago/Hice) una (buen/buena) cena y comimos todos muy bien.
11 Mi madre pasó un (buen/bueno) rato con sus amigas en el teatro, pero mi padre pasó muy (mal/malo) rato solo en casa.
12 Ayer (hizo/hace) una sopa (buen/buena) y una paella muy (mal/mala).

I *Describe los dibujos en el **pretérito**, utilizando los verbos sugeridos.*

Juan y María, su mujer

Ejemplo   Juán saltó del balcón

saltar

1   salir de

2   ir a pie

3   llegar a

4   esperar hasta

5   tomar y

6   volver a

7   llegar a

8   llamar por teléfono a

9   volver a

10   olvidar

11   pagar

12   salir de

LIBRO DE EJERCICIOS   DOCE   F & G

Rompecabezas

1 Un autocar salió de Málaga con quince pasajeros; ocho hombres y siete mujeres. En Granada se bajaron dos hombres y dos mujeres y subieron cinco hombres. En Córdoba se bajaron dieciséis pasajeros y no subió nadie.

a ¿Cuántas personas había en el autocar cuando llegó a Sevilla?

2 La hermana de Pablo es la mujer de Juan. La madre de Ricardo se llama Mabel. María y Juan no tienen hijos pero tienen un sobrino, Ricardo, hijo de Pablo.

a ¿Quién es la tía de Ricardo?

b ¿Quién es la hermana de Pablo?

c ¿Quién es la cuñada de Juan?

3 Enrique tiene 252 pesetas. Tiene que gastar todo el dinero en un quiosco. El quiosco vende sellos de 20 pesetas y postales de 33 pesetas.

a ¿Qué compra?

Palabras Escondidas

4 **Ejemplo** Fue al *bar a to*mar una copa *porque no es caro*. = barato

a En Roma los chicos *no son buenos*.

b El bar de esta calle *no está vacío*.

c *Dieciocho* pesetas entre *seis* personas.

d Me gusta tomar té solo, *un día* a la semana.

e Visité Roma y Oviedo *en primavera*.

f *La chica* fue de Paris a Bélgica.

Resumen de la historia de los Salinas

Cuando está la familia de vacaciones en la Costa del Sol, Isabel se escapa a Francia con Eduardo y otros amigos, y Carlos y sus amigos se llevan las llaves del hotel. La Sra. de Salinas va por Isabel y al volver a España decide irse a Perú donde viven sus padres. El Sr. Salinas cae enfermo pero permite a Isabel y a Carlos ir a Perú a buscar a su madre. Con la ayuda de las tías pagan los vuelos, y van a Perú. Cuando la madre llega a Carmona se encuentra en un pueblo fantasma. Un hombre con la cara tapada con una bufanda negra, la está esperando y van a una choza en un bosque. Sus padres ya no viven pero hay un tesoro de monedas de oro que es la herencia para los Salinas. Isabel y Carlos llegan a Carmona y un perro los lleva a la choza. Su madre y el hombre ya tienen todas las monedas en sacos y al día siguiente vuelven a Carmona. Pero hay cuatro hombres esperando que mienten y dicen que son del gobierno peruano. Como están armados, los Salinas tienen que obedecer y van en tren a Lima. Carlos, en un momento oportuno, salta del tren con un saco de monedas y cae inconsciente. El hombre de la bufanda salta poco después. Los otros llevan a Isabel y a su madre a unas cuevas en las montañas cerca de Ica. Carlos vuelve en sí y se encuentra en un hospital en Santiago de Chile. Allí está su padre que no puede estar en Zaragoza sin su familia. Fue a Perú pero por causa del mal tiempo el piloto decidió ir a Santiago. Al aterrizar sufre el Sr. Salinas un ataque cardiaco. Así que Carlos está herido, acaban de operar a su padre, y su hermana y su madre están con los cuatro hombres. El Sr. Salinas y su hijo no saben dónde. ¿Quién es el hombre de la bufanda negra? ¿Cómo llegó Carlos a Santiago? Y ¿qué va a pasar?

Continuación de la historia de los Salinas

En las cuevas

Las cuevas donde estaban Isabel y su madre parecían celdas de máxima seguridad. Allí pasaban día y noche. La comida, pan duro y agua, llegaba una vez al día; a veces por la mañana, a veces por la tarde y a veces no llegaba del todo.

Un domingo dejaron a Isabel hablar con su madre por cinco minutos en presencia de dos guardias.

Isabel—Mamá. ¿Cómo estás?
La Sra. de Salinas —Mal, muy mal. Estoy pasando mucha hambre y mucho frío. No puedo dormir. No tengo fuerzas para hablar.
Isabel —¡Por nosotros, por la familia, mamá! ¡Tienes que tener fuerzas!

En Chile

En Santiago, Carlos y su padre se recuperaban bastante rápido. Pronto, Carlos estaba bien y como no tenía nada que hacer comenzó a salir por las tardes. Un día conoció a un chico pobre que paseaba las calles de la capital. A Carlos le chocó ver a tantos

chicos, sin escuela, mendigando y
viviendo de limosnas y de las sobras de
los demás. Esa noche volvió al hospital
casi sin ropa. Regaló el jersey, los
zapatos y un abrigo nuevo que acababa
de comprar. Su padre no dijo nada
pero sabía muy bien que su hijo no
podía resolver los problemas de la
pobreza de Latinoamérica. Él pasaba
todo el día al teléfono, llamando a las
embajadas y a la policía, pero sin éxito.

En las cuevas

¿Qué querían esos hombres? Ya tenían
un saco de monedas. Carlos saltó del
tren con el otro. Isabel y su madre no
sabían, pero pensaban que los hombres
creían que había más monedas
escondidas en el bosque. Las pocas
monedas que Isabel tenía escondidas
estaban desapareciendo. Una vez por
semana tenía permiso para escribir a
España a su padre. Ellas no sabían que
estaba en Chile. El «soldado» pedía una
moneda por cada carta, e Isabel,
aunque pensaba que no las mandaba,
tenía que dársela. La verdad era que al
«soldado» le gustaba Isabel y una
noche cuando estaba solo de guardia,
como vio que la madre estaba muy
enferma, llevó a las dos al hospital de
Ica y se escapó con las monedas de oro.

De Chile a Perú

Una noche llegó Carlos al hospital y
encontró al hombre de la bufanda
negra hablando con su padre. Sobre la
cama había mapas y billetes de avión, y
las maletas estaban embaladas. Sin
despedirse Carlos de sus amigos
callejeros salieron a la mañana siguiente
para Lima, y de la capital a Ica. De la
estación tomaron un taxi al hospital, no
porque sabían que Isabel y su madre
estaban allí, sino porque el Sr. Salinas
cayó enfermo. En la sala de espera
estaba Isabel, más delgada que antes, y
muy endeble. Mientras sus padres se
reponían, el hombre de la bufanda
cuidó de Isabel y de Carlos, como
cuidaba de los abuelos cuando vivían.
Ahora estaba arrepentido porque sabía
donde estaban las monedas de oro, y
no mandó un telegrama a España
cuando murieron los abuelos. Pero
Carlos le debía la vida a él. Cuando
salieron del hospital los padres
decidieron volver inmediatamente a
España. El Sr. Bufanda no consiguió
volver con ellos, pero los Salinas
dejaron la otra mitad del tesoro en el
bosque y sólo él sabía dónde estaba.

Práctica/oral

Práctica/oral (continued)

154

155

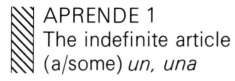

CHAPTER ONE

APRENDE 1
The indefinite article
(a/some) *un, una*

a *un* (m.) a/an *una* (f.) a/an
e.g. *un libro* a book
    una mesa a table

Almost all nouns in Spanish ending in *o* are masculine:
Un hijo.

Most ending in *a* are feminine:
Una hija

b *unos* (m. pl) some *unas* (f. pl.) some

The word 'some' in Spanish is used in exactly the same way as it is in English:

I saw some super shoes.
Vi unos zapatos (m. pl.) estupendos.

but

I buy apples in the supermarket.
Compro manzanas en el supermercado.

c 'Some' without the noun must be translated by *unos* or *unas*:

Some (girls) are in the kitchen, others are in the dining room.
Unas están en la cocina, otras en el comedor.

(Here instead of *unos* and *unas*, *algunos* and *algunas* are often used.)

d *Unos* and *unas* also mean a few:
I spent a few weeks with my grandparents.
Pasé unas semanas (f. pl.) con mis abuelos.

e *Un* and *una* are omitted for professions and nationalities:

She is a Dane. *Es danesa.*
He is a carpenter. *Es carpintero.*

f *Un* or *una* are often omitted after *llevar* (*to wear*).

Lleva jersey blanco. She is wearing a white jumper

g Sometimes *un* or *una* are omitted after *con*:

con jersey with a jumper.

h *Un* or *una* are omitted after *sin* (without):

He dresses without a tie.
Viste sin corbata.

but

He returned without a single peseta.
Volvió sin una peseta.

therefore
sin un libro without a single book

i *Un* or *una* are omitted after *tener* (to have) unless meaning 'one':

He does not have a brother. *No tiene hermano.*

but

He has one brother. *Tiene un hermano.*
He has a car. *Tiene coche.*

but

He does not have one car, but two.
No tiene un coche, tiene dos.

Note that the word for 'one' without a noun is *uno* or *una*.

Do you have sisters? *¿Tienes hermanas?*

156

I have one. *Tengo una.*
Do you have brothers? *¿Tienes hermanos?*
Yes, I have one. *Sí, tengo uno.*

b When asked for your **señas** or **dirección**, you give your address.

c On official forms **domicilio** refers to your address.

APRENDE 2
Mi, mis (my)

a Possessive adjectives have plural forms and agree with plural nouns:

mi libro my book
mis libros my books

b Similarly with *tu* (your, sing.) *su* (his, her, their) (refer to **Aprende 15**).

c Our and your (pl.) have masculine and feminine and plural forms:
nuestro our – *nuestro libro* our book
nuestros libros our books

but

nuestra mesa our table

nuestras mesas our tables

Similarly with *vuestro* (your, pl.):
vuestro, vuestros, vuestra, vuestras.

APRENDE 3
Vivir

a The verb *vivir* is a regular *ir* verb (refer to **Aprende 23**).
When asked *¿Dónde vives?*, depending on what you think the person asking meant, you may answer:

1 *Vivo en Nueva York* (or *Los Estados Unidos*).
2 *Vivo en Calle San Miguel, 17* (**NB** number after street).
3 *Vivimos cerca del parque.* (We live near the park.)

APRENDE 4
Personal pronouns

I	*yo*
you	*tú*
he/she	*él/ella*
we	*nosotros* (m.)
	nosotras (f.)
you	*vosotros* (m.)
	vosotras (f.)
they	*ellos/ellas*

a Personal pronouns are not used unless the subject of the verb – the person or thing performing the action – is being emphasised or unless several persons or things in the sentence need to be specified to avoid confusion:

Comemos mucho. We eat a lot

but

Nosotros comemos mucho. **We** eat a lot

or

Él no come nada pero ella come mucho. He eats nothing but she eats a lot.

b They are also used when there is a pronoun and no verb:

¿Quién es? —Yo.
Who is it? It's me.
Soy más alta que ella. I am taller than her (than she is).

c *Vd.* (*Usted*) and *Vds.* (*Ustedes*) are the polite forms (singular and plural) of you. (These are not used in the early part of the course.) Note that

157

although they mean 'you' they are conjugated with the third person, i.e., like 'he' and 'they':

Are you (one person) in the hotel?
¿Está Vd. en el hotel?
Are you (more than one person) in the hotel?
¿Están Vds. en el hotel?

In parts of Andalucía and Latin America, **Vds**. is used instead of **vosotros** (you, pl.).

d *estar* (to be)

There is another verb **ser** (to be) (refer to **Aprende 25**).

e You only use **estar** when you are saying:

where something/someone is, i.e., stating location
Está en Bogotá. He is in Bogota.

what that something/someone is, that is, a state likely to change, i.e. temporary

Está muy contento He is very happy.
Estoy aburrido. I am bored.

NB **1** You may not use **estar** for a state that is permanent (unlikely to change) i.e., he is a pilot, he is rich, I am his brother – unless you are stating location.

2 It is essential that you check first for location to see whether it is definitely **estar**.
If it is not location then you decide whether it is a temporary state (in which case it will be **estar**) or a permanent one (unlikely to change) in which case use **ser**.

3 Sometimes an adjective can be preceded by **estar** or **ser**:
ser *Es delgada.* She is thin

(she is a thin person)
estar Está delgada. She is (now) thin (because she is dieting, she is not eating or is ill)

CHAPTER *TWO*

APRENDE 5
Gustar (to like)

a Although the verb is effectively used as I like, **me gusta** means it is pleasing to me. Therefore it is conjugated: it is pleasing to me, to you, to him, to her, to us, to them. This means that you are not saying 'I like chocolate' but 'chocolate pleases me', **me gusta el chocolate.**

b The two forms of the verb used are **gusta** and **gustan**, is pleasing, are pleasing, together with to me, to you, etc.

c NB Refer to **Aprende 7 & 36**.

d The verb **gustar** is a regular **ar** verb when it means to try out food by testing it or by savouring it.

APRENDE 6
The definite article
el, la, los, las. (the)

a *el libro* the book *la mesa* the table
los libros the books *las mesas* the tables

b *el/la* are used for titles:

Mr Salinas *El Sr. Salinas.*
Mrs Salinas *La Sra. de Salinas*
Queen Elizabeth II *La Reina Isabel Segunda.*

c *el/la* must be used when saying in school, hospital, church etc.:

en el colegio, en el hospital, en la iglesia.

d *el/la* must be used for games or sports:

el fútbol, la natación, el bingo etc.

◈ Plural of nouns

e To form the plurals of nouns you:

1 add *s* to words ending in *e*, *a* or *o*.
2 add *es* to words ending in *d*, *j*, *l*, *n*, *r* and *y*, (except for *jerseys*).

f Words ending in *z*, change the *z* to *c* and add *es*:

voz – voces voice – voices

g Words ending in *s* in the singular form the plural by adding *es*:

mes – meses month – months (except for *paraguas* and days of the week *lunes* to *viernes*.

h Some words end in *u* and *i*. If the *u* or *i* have an accent the plural is *es*:

hindú – hindúes   rubí – rubíes

If not, add *s*:

tribu – tribus

i Most words used in Spanish which are borrowed from other languages need only add an *s* (see *jerseys* in E above):

club – clubs.

◈ APRENDE 7
Gustar – me gustan

a You will remember from **Aprende 5** that you say *me gusta* if what you like is singular:

me gusta el fútbol

b But you must use *me gustan* if what you like is plural or comprises two or more nouns:

me gustan los animales
me gustan el fútbol y el béisbol.

c *Gustar* must be followed by an infinitive if a verb is being used and only with *me gusta*, even when adding more than one verb.

me gusta bailar I like to dance

and

me gusta bailar y nadar I like to dance and swim

d Refer to **Aprende 36** for other verbs like *gustar* and for 'they like', 'you like', 'he likes', 'she likes' etc.

◼◼◼ **C**HAPTER *THREE* ◼◼◼

◈ APRENDE 8
Agreement of adjectives

a Adjectives agree with the noun they describe – masculine, feminine and plural.

b They follow the noun in most cases (refer to **Aprende 22**)

un libro rojo   una casa roja
libros rojos   casas rojas

c Adjectives ending in *o* change to *a* when using a feminine noun. Adjectives ending in *a* do not change in the singular.

d Adjectives describing nationalities change from *o* to *a* or have an *a* added (e.g. *francés – francesa*) in the feminine form, unless they end in *e* (e.g. *canadiense – canadiense*, f.)

e Once you have the correct masculine or feminine forms, you form the plurals as you do for nouns (refer to **Aprende 6**):

verde – verdes azul – azules

APRENDE 9
Hay

a *Hay* means 'there is' or 'there are' (**NB Not** *they are*):

there is a boy *hay un chico*
there are two boys *hay dos chicos*

b For later on in the course:

había there was and there were
habrá there will be (singular and plural)

APRENDE 10
El Tiempo (weather)

a NB   *está lloviendo* it is raining

but

llueve it rains **or** it is raining
está nevando it is snowing
nieva it snows **or** it is snowing

b The word *tiempo* also means 'period of time' and 'tense' in terms of verbs.

Note that the word for climate is *el clima*:

El clima en Moscú es muy malo.

APRENDE 11
Seasons, months and numbers

a *Las Estaciones* (seasons)
Note that in summer can be *en verano*, *el verano*, *los veranos*. Similarly, with spring, autumn and winter. You cannot say *en los veranos* for 'in summer', when you mean 'every summer': you must say *los veranos*, *los inviernos* etc.

b *Los meses* *(months)*
NB   *They have no capital letter:*
En enero in January

c *los números* (numbers)

1   Numbers from 1 to 29 should each be written as one word. (Although 16 to 19 may be written as *diez y seis* etc.) The numbers 31 to 39, 41 to 49, 51 to 59 etc. are always spelt as three words (refer to **Aprende 12a**): 38 *treinta y ocho*

2   Numbers 1, 21, 31 etc., have masculine and feminine forms. When a noun is used one is either *un* or *una*, e.g.
un libro one book
una mesa one table
but when no noun is used, only referred to, the forms are *uno* and *una*:

¿Cuántos libros hay?	How many books are there?
Uno.	One.
¿Cuántas mesas hay?	How many tables are there?
Una.	One.

CHAPTER FOUR

APRENDE 12a
Numbers

NB
100 pesetas – cien pesetas
153 pesetas – ciento cincuenta y tres pesetas
The word **doscientos** changes to **doscientas** before feminine nouns.
doscientos dólares – doscientas pesetas
Similarly with 300–900.

APRENDE 12b
Los días de la semana (days of the week)

NB   The word for day is **el día** (i.e., masculine). As with months they have no capital letters:
On Monday *el lunes*
on Mondays *los lunes*
but Saturday and Sunday have plural forms:
los sábados y los domingos on Saturdays and Sundays

APRENDE 12c

NB   *¿A cuántos estamos?* is asked when you wish to know the exact day of the month:

¿Estamos a quince? Is it the 15th today?

APRENDE 13
De (of)

NB   There is no 's or s' to denote belonging to. Therefore

you cannot say 'the boy's book' but rather 'the book of the boy', 'the house of Peter'.

a   **De** (of):

La casa de Peter Peter's house
El norte de España the north of Spain.

b   'of the' can be **del**, **de la**, **de los**, **de las**.

NB   You cannot say **de el**, you must say **del**:
the boy's book *el libro del chico*
the girl's book *el libro de la chica*
the colour of the exercise books *el color de los cuadernos*
the colour of the walls *el color de las paredes*

APRENDE 14
La hora (the time)

a   NB   You always say **son las** followed by the hour, then the minutes, except:

1   When 'one' is the hour (use **es** followed by **la una** + minutes)
es la una y cuarto 1.15
son las ocho menos cinco 7.55

2   midday and midnight **es mediodía** and **es medianoche**.

b   After the hour, i.e., **son las siete**, **es la una**, you use **y** from five minutes past to half past the hour, and **menos** from twenty-five minutes to the hour to five minutes to the hour. In parts of Latin America and in the USA they say **son cinco para las ocho** (five to eight) instead of **son las ocho menos cinco**

161

c NB *en punto* ('exactly' or 'on the dot') and *casi* ('almost'):

Son las cinco en punto. It is exactly five o' clock.
Son casi las dos. It is almost two o'clock.

d For expressions of time which include 'in the morning', 'in the afternoon' and 'at night' use *de la mañana*, *de la tarde* and *de la noche*
son las cinco de la tarde it is five o'clock in the afternoon

e There is no equivalent of 'in the evening'.
In Spain they say *de la tarde* until nightfall, although by nine o'clock, even if it is not dark, it is always *son las nueve de la noche.*

f NB
at one o'clock *a la una*
at two o'clock *a las dos*
at midday *a mediodía* (or *al mediodía*)
at midnight *a medianoche*

APRENDE 15
Mi/tu/su

a NB   Refer to **Aprende 2.**

b NB   *Su* becomes plural *sus* only if what is owned is plural, not just if those who are owning are plural. Thus *El coche de las hermanas* can be expressed as *su coche* (their car) because what is owned is one car, albeit by the sisters. The same is true of *nuestro/a*, *vuestro/a*.

CHAPTER FIVE

APRENDE 16
Interrogatives

a *¿qué?* (what?) *¿quién?* (who?) *¿dónde?* (where?) *¿cuándo?* (when?) *¿cuántos/as?* (how many?), all have question marks and an accent when used to ask a question. When they are used in a sentence which is not a question, they have no accent unless used in a sentence which implies a query.

1 *Sé donde está.*
   I know where he is.
2 *No dice dónde está.*
   He doesn't say where he is.

b NB   when the word 'who' is used in a sentence which is not a question, you say *que* (without an accent)

El hombre que está en el balcón...
The man who is on the balcony...

c *¿cuánto?* means 'how much?' *¿cuántos? ¿cuántas?* 'how many?'. (Refer to **Aprende 8**.)

APRENDE 17
Present tense regular *ar* verbs

a Most verbs in the language are *ar* verbs (refer to **Aprende 4**).

b It is useful to know that with all regular verbs in the present tense, be they *ar*, *er* or *ir* to say:

		the verb must end in
I	(*yo*)	*o*
you	(*tú*)	*s* (*as*, *es*, *es*)

he/she	(*él/ella*)	*a* or *e*
we	(*nosotros/as*)	*mos, (amos, emos, imos)*
you	(*vosotros/as*)	*is, (áis, éis, ís)*
they	(*ellos/as*)	*n(an, en, en)*

In all cases the *ar*, *er* or *ir* must be removed. It is important to learn these rules as it will make the learning of all tenses much easier.

c Most irregular verbs vary little in their endings from the rules given above. (Refer to **Aprende 23**.)

APRENDE 18a
Ir (to go) (irregular)

a NB   After *voy* the verb is like a regular *ar* verb.

b To say where you are going or what you are going to do, the verb *ir* must be followed by the word *a* (to). Therefore if you want to say 'I am going to the . . .' you must remember to use *al* (**not** *a el*)/*a la* and *a los*/*a las*. These rules are identical to those for *de* (of the). (Refer to **Aprende 13**.)

c Let's go *vamos*.

d Expressions like *ir de compras* (to go shopping) and *ir de vacaciones* (to go on holiday) do not need *a*:

En diciembre voy de vacaciones. I go on holiday in December.

APRENDE 18b
¿Quién/quiénes?

a The word *¿quién?* is used to denote 'who' in a question, but if the expected answer is more then one

person, *¿quién?* becomes *¿quiénes?*:

Who is in the kitchen? —*¿Quién está en la cocina?*

but

Who is at the discotheque? — *¿Quiénes están en la discoteca?*

b NB *¿Quién?* takes the 'he/she' ending of the verb. *¿Quiénes?* takes the 'they' ending of the verb.

APRENDE 19
Prepositions–delante de, detrás de etc

a Unless the words or expressions are used at the end of a phrase or sentence, they are followed by the word *de* and the rules in **Aprende 13** apply:

1   *Pepito está delante, y Mariano está detrás.*
    Pepito is in front and Mariano is behind.
2   *Pepito está delante de Mariano.*
    Pepito is in front of Mariano.
3   *Pepito está delante del hombre.*
    Pepito is in front of the man.
4   *Pepito está detrás de la señora.*
    Pepito is behind the woman.

b These rules apply to:
delante de (in front of)
detrás de (behind),
al lado de (beside),
fuera de (outside),
dentro de (inside),
encima de (on top of),
debajo de (under),
cerca de (near to)
lejos de (far from),
a la izquierda de (to the left of)
a la derecha de (to the right of)
en el medio de (in the middle of).

163

c NB *entre*...*y*... (between... and ...), *sobre* (above/on top of) and *en* (in/on) do not need *de*.

━━━ **C**HAPTER *SIX* ━━━

APRENDE 20
Present Continuous
regular *ar* verbs

a To say 'I **am** jump**ing**' etc. use the verb *estar* (refer to **Aprende 4**). Delete the *ar* from the verb and substitute *ando*:
I am buying   *estoy comprando*

b The *estar* parts must have the correct endings but the *ando* (-ing) endings remain the same for all persons.

c The rules for *er* and *ir* verbs are in **Aprende 24** but they are simple:
1   you remove the *er* or *ir* and substitute *iendo*.
2   You use *estar* as with *ar* verbs.

d To say 'on arriving' or 'on leaving' etc., use *al* + infinitive:
al llegar — on arriving
al salir — on leaving

APRENDE 21
y (and) and *o* (or)

a If *y* is followed by a word beginning with *i* or *hi* (but not *hie*) the *y* becomes *e*:

Carlos e Isabel

b If *o* is followed by a word beginning with *o* or *ho* the *o* becomes *u*:

francés u holandés

APRENDE 22
Agreement of
adjectives (plurals)

a As mentioned in **Aprende 8** adjectives agree with the nouns they describe.

b Only adjectives which end in *o* change to *a* in the feminine form.

c To make the plural, you follow the rules in **Aprende 6** for nouns, which are the same as those for adjectives:

rojo red	*azul* blue
el libro rojo	*el libro azul* – Singular
but	
la mesa roja	*la mesa azul* – Singular
los libros rojos	*los libros azules* Plural
las mesas rojas	*las mesas azules*

d Since *azul* does not end in *o*, it does not change for the feminine form. To form the plural, as it ends in *l* (refer to **Aprende 6**) you add *es*.

APRENDE 23
Present tense of
regular *er* and *ir* verbs

a The endings for *er* and *ir* verbs are identical except for the *nosotros* and *vosotros* forms.

b They follow the rules given in **Aprende 17**:

Er	*Ir*
—*o*	—*o*
—*es*	—*es*
—*e*	—*e*
—*emos*	—*imos*
—*éis*	—*ís*
—*en*	—*en*

APRENDE 24
Present continuous tense of regular *er* and *ir* verbs

a As explained in **Aprende 20** for regular *ar* verbs, use the verb *estar* in **Aprende 4** and then delete the *er* or *ir* and substitute *iendo*:

they are eating *están comiendo*

b *Estar* needs the correct ending to denote the person being referred to, but the **iendo** endings do not change.

c Remember that 'on going up' is **al subir** (**al** + infinitive)

d NB

1   Smoking is dangerous.
    Fumar es peligroso. (literally 'To smoke is dangerous.')
2   Eating too much is not good.
    Comer demasiado no es bueno.

▬▬ **C**HAPTER *SEVEN* ▬▬

APRENDE 25
Ser and *estar* (to be)

a The grammatical rule for using the verb 'to be', i.e., 'I am', 'you are', etc., may seem to be the most difficult in the language but it is in fact relatively straightforward to master if you follow the simple steps described below which have already been introduced in **Aprende 4** D & E.

1   If you wish to say where someone or something is, use *estar*.
2   If not, then decide whether the condition you are talking about is likely or expected to change. If it

is, use *estar*.
3   If it is not likely or expected to change, use *ser*.

b NB   It is important that you always check for location first:

Machu Picchu is in Peru.

This is not going to change, and you would therefore be tempted to use *ser*. But you would be wrong, because had you checked for location you would have decided correctly to use *estar*:

Machu Picchu está en Perú

c Let us take another example:

My sister is bored.

Check

1   Location? – No.
2   Likely to change? – Yes, since you do not expect to be bored for ever.

Therefore use *estar*:
Mi hermana está aburrida.

d Some adjectives may be preceded by either *ser* or *estar* depending on what you mean:

Tu hermana está muy seria.
Your sister is very serious (i.e., today or now: expected to change).

but

Tu hermana es muy seria.
Your sister is very serious (i.e., a very serious person: not expected to change).

e NB   You almost always use *ser* with numbers, times, dates:
Somos ocho en casa. There are 8 of us at home.
Son las ocho menos cinco. It is 7.55.
Es lunes. It is Monday.

but remember:

hay there is, there are.

APRENDE 26
Agreement of adjectives

a This Aprende revises the agreements of adjectives ending in *o*, *a* and other vowels. (Refer also to **Aprende 22.**)

When an adjective ends in a consonant, it has no feminine form, except for nationalities (*francés – francesa*, *español – española*) and those ending in *or* (*trabajador/a* hard working), (*hablador/a* talkative) and *ón*.

b To form the plural, add:

1 *s* to the singular form if it ends in a vowel
   habladora – habladoras
   simple – simples
2 *es* to the singular form if it ends with a consonant
   difícil – difíciles útil – útiles

APRENDE 27
Numbers

a NB The odd spellings of 500 **quinientos**, 700 **setecientos** and 900 **novecientos**.

b The word **mil** means a thousand.

c *Mil* has no plural, 3,000 is **tres mil**, except if you are saying 'thousands of' . . . **miles de chicos**.

d You cannot say the year 1988 as 'nineteen eighty eight'. In Spanish you must say 'one thousand nine hundred and eighty eight'
mil novecientos ochenta y ocho.

The equivalent of 'in 1985' or 'in' 85' is:
en el ochenta y cinco

f one million is **un millón**, two million is **dos millones**. (Refer also to **Aprende 22.**)

APRENDE 28
Agreement of adjectives.

This Aprende deals with the agreement of adjectives of nationality. (Refer also to **Aprende 22 & 26A**).

a NB *belga* is masculine and feminine.

b NB Nationalities ending in *ense* (*canadiense, nicaragüense* etc.) do not have a feminine form.

APRENDE 29
More Adjectives

Most of the adjectives listed in Aprende 29 on page 66 as pairs of opposites are normally used with **ser** but in most cases they could also be used with **estar** to imply that they are describing a passing phase or a recent change. (Refer also to **Aprende 25 D.**)

C See how many you can use with **estar**. Think of the difference between saying to a boy: **Eres guapo** and **Estás guapo**.

▰ CHAPTER *EIGHT* ▰

APRENDE 30
Nunca, nadie, nada

b *Nadie* and *Nunca* may be placed either 1 before the verb, or 2 after the verb, with *No* before the verb.

Nadie va – No va nadie No-one goes.
Nunca va – No va nunca He never goes.

b You may only use **nada** with **no** before the verb.

No tengo nada I have nothing.

APRENDE 31
Transporte

a Note that **en tren, en avión, en autobús, en metro, en barco,** may be **por tren, por avión, por autobús, por metro, por barco.**

b In Spain the word **turismo** is used to mean 'private car' as well as 'tourism'.

c *Carro* and *máquina*

carro	car –	in South America
	cart –	in Spain
máquina	car –	in Cuba
	machine –	in Spain

APRENDE 32
Los colores (colours)

Colours follow the normal rules for adjectives (refer to **Aprende 22, 26 & 28**.

NB *rosa* (pink) and *naranja* (orange) do not change even when used in the plural.

Colours are normally used with **Ser**, except on the rare occasions when something has just been painted or is about to be painted, in which case **Estar** is used.

APRENDE 33
La ropa

a *Llevar* (to wear) can be *llevar puesto*

¿Qué llevas puesto hoy?—Llevo (puesto) un jersey.

What are you wearing today? I am wearing a jumper.

b Clothing:

Ropa de verano summer clothing
Ropa de invierno winter clothing

La ropa clothes (singular).

Mi ropa está en la habitación.

d *Quitarse* to take off clothes (refer to reflexive verbs in **Aprende 44**).

Cuando entra, se quita la chaqueta. When he comes in, he takes off **his** jacket.

Ponerse to put on clothes (refer to reflexive verbs in **Aprende 44**).

Se pone el abrigo antes de salir de casa. He puts **his** coat on before leaving the house.

e NB that neither *quitarse* nor *ponerse* are followed by *mi, tu* etc. but by *el* or *la*

'He puts **the** coat on' – 'not **his** coat on'.

f More clothing:
calcetines socks
bañador swimming trunks/costume
zapatillas slippers
llevar gafas to wear glasses

APRENDE 34
más de/menos de and *más que/menos que*

a *más de* and *más que* both mean 'more than' but *más de* is used with numbers:

Come más que su padre.
He eats more than his father.
Cuesta más de mil.
It costs more than a thousand.

b You may use an adjective between *más* and *que*:

*Es **más alto que** su padre* (**more—tall than**).
He is taller than his father.

c The rules A and B above apply also to *menos de* and *menos que*:

Hay menos de veinte personas.
There are less than 20 people.
Habla menos que su hermana.
She speaks less than her sister.
Es menos inteligente que su hermana.
He is less intelligent than his sister.

CHAPTER NINE

APRENDE 35
Tener (irregular verb in the present tense)

a *Tener* means 'to have', i.e. 'to own', 'to possess'.

b *Tener* is used in expressions which English uses 'to be . . . '

Tener . . . años. to be . . . years old.
Tener frío calor to be cold/hot.
Tener sueño/miedo/hambre/sed to be sleepy, frightened/hungry/thirsty.

c *Tener* is irregular in the present tense only in the first person.
tengo (I have). It then follows the pattern of radical-changing verbs (*ie*) (refer to **Aprende 40**).

APRENDE 36
Gustar and interesar

a Up to now, we have only learnt *me gusta(n)*, *te gusta(n)* (I like, you like). (refer to **Aprende 5 & 7**) Now add:

le gusta(n) he likes *nos gusta(n)* we like
os gusta(n) you like (pl.) *les gusta(n)* they like

b NB *gusta* needs an *n* if what is liked is plural.

c The same rule applies to *interesar* (to be interested in) and *importar* (to care about, to matter).

APRENDE 37
A Pepe le gusta/ importa/interesa

a If you wish to name the person(s) or refer to them in the sentence, you need to add *a* before the named person (refer to **Aprende 36**). This is because you are in fact saying not 'Pepe likes strawberries' but 'Strawberries are pleasing to Pepe':

A Pepe le gustan las fresas.
A mi hermano le gustan los deportes.

b You may use *a* with pronouns, to avoid confusion:

Le gusta el fútbol. She likes football.

A ella le gusta el fútbol. **She** likes football.

APRENDE 38
Meals

a NB

Noun	Verb
el desayuno breakfast	*desayunar* to have breakfast
la comida the midday meal	*comer, almorzar* to have lunch
la merienda tea (afternoon)	*merendar* to have tea

la cena evening meal   *cenar* to have supper

b Remember you can say
tomar el desayuno
tomar el almuerzo
tomar la merienda

c NB *el almuerzo* is a late breakfast in parts of South America and in Galicia in Spain.

d Note that *poner la mesa* means 'to lay the table'. The verb *poner* is irregular in the present tense:

pongo I put (the rest of the verb is regular)

CHAPTER *TEN*

APRENDE 39
tener que + infinitive
ir a + infinitive

a Note that both these verbs are followed by the infinitive.

b The verb *ir a* + infinitive is used as the immediate future.

Voy a comer a las ocho
I am going to eat at eight o'clock
Voy a salir a las ocho y media
I am going to leave at 8.30.

c Useful words or expressions for the immediate future:

esta noche tonight
la próxima semana next week
el próximo mes next month
mañana tomorrow
el lunes on Monday (etc)
el verano in summer
dentro de 2 días in 2 days time

Examples of their use:

Mañana voy a pintar la habitación.
Tomorrow I am going to paint my room.

El lunes tengo que ir al mercado.
On Monday I have to go to the market.

APRENDE 40
Salir

Note that the verb *salir* is irregular in the present tense:

salgo I go out (the rest of the verb is regular)

salir a to go out to, *salir de* to go out from, *salir con* to go out with:

Salimos al parque los domingos
We go out to the park on Sundays.

Salgo de casa a las ocho
I go out (of the house) at eight.

No salgo con su hermana
I don't go out with her sister.

pensar and *volver* – radical-changing verbs

c Note that with *pensar* and *volver* the radical *ie* and *ue* are needed in the present tense only for 'I', 'you', 'he/she' and 'they', but not for 'we' and 'you' (pl.).

d *pensar que* . . . to think that . . .
Pienso que no es honesto.
I think that he is not honest.
pensar + infinitive to think of doing something:

Pienso ir.
I am thinking of going.

e *Pensar que* and *creer que* (regular verb) both mean 'to think that. . .'

f 'To think about' is *pensar en*.

g *Volver a* + infinitive is to do something again'.

Entra y vuelve a hablar con su padre.

He comes in and speaks again to his father.

APRENDE 41
Los deportes

a Remember that to play 'sports or games' is *jugar a* and that you have to use the article *el/la*:

No me gusta jugar al fútbol.
I don't like playing football.

b *Jugar* is a radical changing verb (*ue*).

c With sports where you do not use 'to play' in English e.g. athletics, swimming etc., you use the word *practicar* (regular *ar* verb):

¿Dónde practicas el atletismo?
Where do you do your athletics?

APRENDE 42
this/these/that/those

a *este/estos ese/esos* are the masculine forms (singular + plural)

NB *ésto/éso* are neuter, i.e. when you are referring to 'this/that' without specifying or knowing what 'it/they' is/are:

¿Qué es ésto? What is this?

b 'This one/that one' (referring to jersey) (m.)

Ése es verde pero éste es azul. That one is green but this one is blue.

CHAPTER ELEVEN

APRENDE 43
Saber and decir (irregular verbs)

a *Saber* is irregular only in the first person in the present tense:
sé I know

b *Saber* is used meaning 'to know how to do something or where something or someone is'. NB It is not used to mean either 'to know someone' or 'to know a place'.

Sé nadar I know how to swim.
No sé dónde está. I don't know where he is.

But 'to know someone/a place' is *Conocer* (irregular):

Conozco a Pepe. I know Pepe.
Conozco un restaurante I know a restaurant.

Although it is possible to use *saber de* for 'to know of a place or of a person',
Sé de un restaurante I know of a restaurant. (to know about)

it cannot be used in the sense of 'to know personally' or 'well' or because you have been somewhere before.

c *Decir* (to say, tell) (refer to **Aprende 53**) is an irregular verb only in the first person, *digo* (I say), while the rest of the verb belongs to a third group of radical-changing verbs (*i*) which will be taught in Book 2.

APRENDE 44
Reflexive verbs

a Reflexive verbs are generally regular *ar*, *ir* and *er* although they may be radical-changing:
despertarse – me despierto

b They must not be confused with *gustar*, *interesar* or *doler*.

c The pronouns *me*, *te*, *se*, *nos*, *os* and *se* always go before the conjugated part of the verb. But if the infinitive is used they may be attached to the end of the infinitive:

Se levanta temprano. He gets up early.
¿Vas a levantarte? Are you going to get up?
¿Te vas a levantar? Are you gong to get up.?

d The latter rule also applies to the present continuous:

Estás levantándote? Are you getting up? (NB the accent)

or

Te estás levantando? Are you getting up?

e The pronouns are there because what you are actually saying in Spanish is:

¿te estás levantando? Are you getting yourself up?
So that *me*, *te*, *se* etc. mean 'myself', 'yourself', 'herself' etc.

f With verbs like *lavarse* you do not use 'my hands', 'his feet', 'her eyes', etc. but 'the hands', 'the feet', 'the eyes' etc.
Se lava las manos He washes his hands.
Me lavo la cara. I wash my face.

g 'To brush one's teeth' is *limpiarse los dientes*:
Me limpio los dientes. I brush my teeth.

NB *Dientes* is not used when referring to toothache – use *muelas*.

APRENDE 45
Es de and *son de*

a *Es de* means 'belongs to' and *Son de* means 'belong to':

El libro es de Pepe. The book belongs to Pepe.
Los perros son de Pepe. The dogs belong to Pepe.

b Remember that these agree with the objects not with the owners – *mío/a*, *tuyo/a*, *suyo/a*, *nuestro/a*, *vuestro/a*, *suyo/a*.

El libro es mío. The book is mine (whether the owner is a girl or boy).

c Note that when there is possible confusion between 'his', 'her' or 'their', add *de él*, *de ella*, *de ellos*, *de ellas*:

Los libros son suyos. The books are his/hers/theirs.

but

Los libros son de ella. The books are hers.

APRENDE 46
El cuerpo and *doler*

a Note that *la mano* is feminine.

b *Doler* means 'to hurt/to be in pain':

¿Te duele la mano? Does your hand hurt?
(Refer to **Aprende 36 & 37.**)

APRENDE 47
Profesiones y oficios

a Note that you omit the article when you are stating someone's profession:

Mi padre es profesor My father is a teacher.

b As more women take on jobs that have been traditionally done by men, more of the professions ending in *o* will now have an *a* ending. The obverse is true already:

la enfermera nurse – *el enfermero* male nurse

APRENDE 48
First, second etc.

When the words ***primero*** and ***tercero*** precede a masculine noun they drop the *o*:

El primer hombre en la cola The first man in the queue.

APRENDE 49
Comenzar a and Terminar de

a *Comenzar a* means 'to start (to do something)',
Terminar de 'to finish(doing something)'.

b Note that verbs following verbs with *a* or *de* after them will be in the infinitive:
ir a + infinitive.

c *Comenzar a* and *empezar a* both mean to begin to . . . and both are radical – changing (*ie*)

APRENDE 50
Poder + infinitive (to be able)

a *Poder* in the present tense is a radical – changing verb (*ue*).

b If followed by another verb, the second must be in the infinitive:

No puedo llegar antes de las once. I can't arrive before eleven.

NB *Poder* in the sense of cannot is used only if you cannot do something for reasons other than not knowing how to. Remember *No sé nadar.* I can't swim (because you don't know how)

but

I can't swim (because the pool is too crowded)
No puedo nadar.

■■■ CHAPTER TWELVE ■■■

APRENDE 51
The preterite (*pretérito indefinido*)

a The preterite is one of the past tenses – the simple past.

b It is used in Spanish to describe a finished or completed action:

c He painted his room (rather than he was painting his room).

A good guide (although there are exceptions to it) is to use the preterite in Spanish when in English there would be one (verbal) word in the action:

Preterite	Not preterite
he washed	he was washing
they finished	he used to wash
	he has washed
	he had washed

d Note that 'He washed every morning' (meaning 'he used to wash every morning') is not the preterite (refer to **b** above).
It is a repeated action rather than a completed one.

e Some common verbs (if you bear **d** above in mind) are nearly always used in the imperfect and not in the preterite.

knew *sabía* (imperfect)
had *tenía* (imperfect)
could *podía* (imperfect)
was *era, estaba* (imperfect)

f For convenience in Aprende 51 on page 142 we have used *salir* as the example. Although it is slightly irregular in the present tense, it is regular in the preterite.

g The verb *ir* in the preterite (*fui, fuiste*, etc.) is the same as *ser* (to be) in the preterite, although as mentioned in **e** above, the verb 'to be' is more often than not used in the imperfect tense. NB:

Fui al piloto.
I went to the pilot.

but

Primero fui piloto y luego carpintero.
First I was a pilot, then a carpenter.

Remember that the *a* after parts of *ir* will help you decide whether it is 'went' or 'was' as well as the meaning of the rest of the sentence.

APRENDE 52
Ver

a The verb *ver* means 'to see' and 'to be able to see'. Therefore *no veo* means 'I don't see' and 'I can't see'.

The personal a

b When a person is the object of a verb, *a* must be included after the verb, just before the person:

Dibujó un perro. He drew a dog.

but

Dibujó a su padre. He drew his father.

c Remember that when using *a* you must follow the normal rules of *a/al/a la* etc. (refer to **Aprende 18**):

Vi el gato en el jardín.
I saw the cat in the garden

but

Vi al hermano de Juan.
I saw Juan's brother.

APRENDE 53
Hay – había

a As explained in Aprende 51 (**e**), *hay* in the past tense is more often than not *había*, which is the imperfect and not the preterite.

b When 'there was/there were' is referring to a finished action, then *hubo* (preterite) is used:

Hubo un accidente. There was an accident.

Decir

c *Decir* is completely irregular in the preterite and simply has to be learnt separately.

d Note that in English we often omit the word 'that' when using the verb 'to say'. However we must not omit it in Spanish.

Dice que quiere ir.
He says (that) he wants to go.

APRENDE 54
Buen and gran

a The rules for *buen* and *gran* are very important.

b When *bueno/a* is used before the noun, it means something slightly different from when it is used after the noun.

Una comida buena. A good meal.
Una buena comida. A very good meal.
In the second example you are stressing the word good.

c When using good in the masculine singular before the noun *bueno* becomes *buen*:

Un buen chico. A very nice (good) boy.

d The word *gran* is used in the singular when the noun is either masculine or feminine.

e When *gran* is used (before the noun only), the meaning is changed to 'great' rather than 'big':

Fuimos a una gran fiesta. We went to a super party.

but

Es una fiesta grande. It is a big party.

Hacer (to do or to make)

f Note that *hacer* (to do or to make) is often used in questions and then not used in the answer given, as is the case with most verbs:

¿Qué estás haciendo? —Estoy escribiendo.
What are you doing? I am writing.
¿Qué hicieron? —Fueron al cine.
What did they do? They went to the cinema.

g *Mucho que hacer* means a lot to do, *nada que hacer* nothing to do:

Tengo mucho que hacer. I have a lot to do.
No tiene nada que hacer. He has nothing to do.

but

to have nothing to do with something or someone (because it does not concern you or you have quarelled etc.) is *No tener nada que ver con*:

No tengo nada que ver con él. I have nothing to do with him.

APRENDE 55
The imperfect

This Aprende is to assist with the reading of the Salinas story at the back of the book. We introduce the imperfect tense (*pretérito imperfecto*) which goes hand in hand with the preterite which we have just learnt.

a The imperfect tense is when we say 'I was playing/I used to play' and these are its endings in Spanish:

hablar	comer	vivir
hablaba	comía	vivía
hablabas	comías	vivías
hablaba	comía	vivía
hablábamos	comíamos	vivíamos
hablabais	comíais	vivíais
hablaban	comían	vivían

b Note that *er* and *ir* verbs have identical endings.

c Remember that sometimes a verb may appear to be in the preterite in English but is really in the imperfect. (Refer to **Aprende 51 d**.)

d The imperfect tense can also be written by using *estar* and a present participle, so that if you wish to say 'I was eating', you could say either *comía* or *estaba comiendo*.

e *Estar* in the imperfect + *ando* (*ar*) + *iendo* (*er* and *ir*).

estaba	= I was
estabas	= you were
estaba	= he/she were
estábamos	= we were
estabais	= you were
estaban	= they were

¿Estabas hablando?   Were you talking?

f You cannot use *estar* for 'used to'. Therefore you either use the imperfect of the verb or the verb *soler* in the imperfect plus the infinitive.

Solíamos comer allí.   We used to eat there.
Note that *soler* is a radical–changing verb (*ue*) and can be used in the present tense:

Suelo ir los domingos.   I usually go on Sundays.

g Note that the imperfect is regular for all verbs, except *ir*, *ser* and *ver* (to go, to be and to see).

Vocabulario

A

a – *to*
abandonado/a – *abandoned, deserted*
abierto/a – *open*
el/la abogado/a – *lawyer*
el abrigo – *overcoat*
abril – *April*
abrir – *to open*
la abuela – *grandmother*
el abuelo – *grandfather*
los abuelos – *grandparents*
aburrido/a – *bored*
aburrirse – *to get bored*
acabar con – *to finish with*
acabar de. . . – *to have just. . .*
la aceituna – *olive*
aceptar – *to accept*
acostarse – *to go to bed*
adiós – *goodbye*
¿adónde? – *where to?*
adorar – *to adore*
las aduana – *customs*
el adulto – *adult*
el aerodeslizador – *hovercraft*
el aeropuerto – *airport*
afeitarse – *to shave*
la agencia de viajes – *travel agency*
agosto – *August*
el agua – *water (fem)*
ahora – *now*
ahorrar – *to save*
aire acondicionado/a – *airconditioning*
el ajedrez – *chess*
al+ *infinitive* – *on doing something*
el alcohol – *alcohol*
me alegro mucho – *I am delighted*
alemán/a – *German*
algo – *something*
el algodón – *cotton*
la Alhambra – *Moorish Palace in Granada*
el alma – *soul (fem)*
el almacén – *department store*
almorzar – *to have lunch*
el almuerzo – *lunch*
alto/a – *tall*
allí – *there*
amarillo/a – *yellow*
la ambulancia – *ambulance*
América Latina – *Latin America*
la americana – *jacket*
el/la amigo/a – *friend*
ancho/a – *wide*
andando – *walking/on foot*
andar – *to walk*
el andén – *platform*
el anillo – *ring*

el animal – *animal*
el año – *year*
anoche – *last night*
anotar – *to make notes*
los anticuchos – *pieces of meat/kebabs*
el apartamento – *flat/apartment*
aprender – *to learn*
los apuros – *worries*
aquí – *here*
el árabe – *Arabic*
Argel – *Algiers*
Argelia – *Algeria*
argelino/a – *Algerian*
armado/a – *armed*
arreglar – *to arrange/fix*
arrepentido/a – *repentant/sorry*
arriba – *up/upstairs*
arrojar – *to throw away*
el artículo – *article*
asado/a – *roasted*
el ascensor – *lift*
el aseo – *toilet*
así – *so*
así que – *thus*
el astronauta – *astronaut*
asustado/a – *frightened*
atacar – *to attack*
el ataque – *attack*
el ataque cardiaco – *heart attack*
Atenas – *Athens*
aterrizar – *to land*
atestado/a – *crowded*
el Atlántico – *Atlantic*
el atletismo – *athletics*
(de) atrás – *back*
aunque – *although*
australiano/a – *Australian*
austriaco/a – *Austrian*
el autobús – *bus*
la avenida – *avenue*
el avión – *aeroplane*
ayer – *yesterday*
la ayuda – *help*
ayudar – *to help*
la azafata – *stewardess*
el azúcar – *sugar*
azul – *blue*

B

bailar – *to dance*
el baile – *dance*
bajar – *to go down/to step out of/to lower*
bajo/a – *low/short*
el balcón – *balcony*
el baloncesto – *basketball*
el banco – *bank*
la bandera – *flag*

el baño – *bath*
el bar – *bar*
la baraja – *pack of cards*
　　Barajas – *Madrid airport*
　　barato/a – *cheap*
　　¡qué barbaridad! – *how awful!*
la barbilla – *chin*
el barco – *boat*
la barraca – *shack*
　　bastante – *enough/quite*
el bebé – *baby*
　　beber – *to drink*
la bebida – *drink*
el béisbol – *baseball*
el/la belga – *Belgian*
　　Bélgica – *Belgium*
　　Belgrado – *capital city of Yugoslavia*
　　Berlín – *capital city of East Germany*
　　Berna – *capital city of Switzerland*
el beso – *kiss*
la Biblia – *Bible*
la biblioteca – *library*
la bicicleta – *bicycle*
　　bien – *well, fine, OK*
el biftec – *steak*
el billar – *snooker, billiards*
el billete – *ticket*
　　blanco/a – *white*
la blusa – *blouse*
la boca – *mouth*
el bocadillo – *sandwich*
　　Bogotá – *capital city of Colombia*
　　borracho/a – *drunk*
el bosque – *wood (forest)*
la bota – *boot*
la botella – *bottle*
el boxeador – *boxer*
　　Brasil – *Brazil*
el brazo – *arm*
la broma – *joke*
　　buen – *good (before masculine noun)*
　　¡buen viaje! – *have a good journey*
　　¡buena suerte! – *good luck*
　　bueno/a – *good*
　　Buenos Aires – *capital city of Argentina*
　　buenos días – *good morning*
la bufanda – *scarf*
el burro – *donkey*
　　buscar – *to look for*

C

la cabeza – *head*
el cacao – *cocoa*
　　cada – *each/every*
la cadera – *hip*
　　caer – *to fall*
　　caer enfermo/a – *to fall ill*
el café – *café/coffee*
el café solo – *black coffee*
El Cairo – *Cairo*
la caja – *box*

el cajón – *drawer*
los calcetines – *socks*
　　caliente – *hot*
el calmante – *tranquilizer*
el calor – *heat*
(tengo) calor – *(I'm) hot*
la calle – *street*
　　callejero/a – *of the streets (adj)*
la cama – *bed*
　　cambiar – *to change*
el cambio – *exchange/change*
la camilla – *stretcher*
la camisa – *shirt*
la camiseta – *vest*
el campo – *countryside/field*
　　canadiense – *Canadian*
　　cansado/a – *tired*
　　cansarse – *to get tired*
　　cantar – *to sing*
la capital – *capital city*
las capitales – *capital/provincial cities*
el capitán – *captain*
la cara – *face*
　　Caracas – *capital city of Venezuela*
　　cardíaco/a – *cardiac*
　　cargar – *to carry/to load*
la carne – *meat*
el carnet de conducir – *driver's licence*
la carnicería – *butcher's shop*
el carnicero – *butcher*
　　caro/a – *expensive*
la carrera – *race/career*
la carretera – *main road*
la carta – *letter/menu*
las cartas – *(playing) cards*
el cartel – *poster*
el cartero – *postman*
la casa – *house/home*
　　casi – *almost*
　　castigar – *to punish*
la catedral – *cathedral*
por causa de – *because of*
la cazadora – *jacket*
　　cebiche – *fish in sauce (Peruvian)*
la cebolla – *onion*
la celda (de máxima seguridad) – *(maximum security) cell*
la cena – *evening meal*
　　cenar – *to have dinner/supper*
el centro – *centre*
el cepillo – *brush*
　　cerca (de) – *near*
la cerveza – *beer*
el césped – *lawn*
　　cien – *one hundred*
　　ciento . . . cientos/cientas – *hundred (when over one hundred)*
por ciento – *per cent*
el cigarrillo – *cigarette*
　　cincuenta – *fifty*
el cirujano – *surgeon*
la ciudad – *city*
　　Ciudad de Méjico – *Mexico City*

Ciudad de Panamá – *Panama City*
¡claro! – *of course!*
la clase – *class/lesson*
el cliente – *customer/guest in hotel*
la clínica – *clinic*
la cocina – *kitchen/cooking*
cocinar – *to cook*
el coche – *car*
el codo – *elbow*
el cohete – *rocket*
la cola – *queue*
el colchón – *mattress*
colombiano/a – *Colombian*
el color – *colour*
la columna – *column*
comenzar (ie) – *to begin/to commence*
comer – *to eat*
la comida – *meal/lunch/food*
la comisaría – *police station*
¿cómo? – *how/what is it like?*
la compañía – *company*
el compartimiento – *compartment*
completamente – *completely*
comprar – *to buy*
ir de compras – *to go shopping*
comprender – *to understand*
con – *with*
conducir – *to drive/to lead*
el conductor – *driver*
conmigo – *with me*
conocer – *to know someone/to be familiar with*
conseguir (i) – *to get/achieve*
contar (ue) – *to count*
contento/a – *happy*
contestar – *to answer/to reply*
contra – *against*
la conversación – *conversation*
una copa – *a drink (alcohol)*
el corazón – *heart*
(de buen) corazón – *kind-hearted*
la corbata – *tie*
Correos – *Post Office*
correr – *to run*
corto/a – *short*
la costa – *coast*
creer – *to believe*
el cristal – *window-pane/glass*
cruel – *cruel*
cruzar – *to cross*
el cuaderno – *exercise book*
¿cuál/es? – *which?*
¿cuándo? – *when?*
¿cuánto/a? – *how much?*
¿cuántos/as? – *how many?*
el cuarto – *room*
cuarto/a – *fourth*
el cuarto de baño – *bathroom*
cubano/a – *Cuban*
cubierto/a – *covered*
el cubo – *bucket*
el cuello – *neck*

la cuenta – *bill*
la cuerda – *rope/string*
el cuerpo – *body*
cuesta – *it costs*
la cueva – *cave*
cuidar – *to care for*
el cumpleaños – *birthday*
la cuñada – *sister-in-law*

la chaqueta – *jacket*
el charter – *charter flight*
el cheque – *cheque*
el/la chico/a – *boy/girl*
la chicha morada – *Peruvian alcoholic drink*
chileno/a – *Chilean*
chino/a – *Chinese*
chocarse – *to be shocked*
el chocolate – *chocolate*
el chófer – *chauffeur*
la choza – *hut*
los churros – *Spanish fritters*

D

danés/a – *Danish*
el dardo – *dart*
de – *of/about/from*
debajo de – *underneath*
deber la vida a – *to owe one's life to*
los deberes – *homework*
débil – *weak*
decidir – *to decide*
décimo/a – *tenth*
decir (i) – *to say*
decir que – *to say that*
la decisión – *decision*
el dedo – *finger*
el dedo del pie – *toe*
dejar – *to leave/to allow*
delante de – *in front of*
delgado/a – *thin*
del todo – *at all*
lo(s) demás – *the rest/the others*
demasiado – *too/too much*
el/la dentista – *dentist*
dentro – *in/inside*
el/la dependiente/a – *assistant*
los deportes – *sports*
de pronto – *suddenly*
a la derecha – *on the right*
derrumbado/a – *tumbled down*
desaparecer – *to disappear*
desayunar – *to have breakfast*
descansar – *to rest*
describir – *to describe*
el descuento – *discount*
desde – *from/since*
desempleado/a – *unemployed*
desesperado/a – *hopeless/desperate*
desierto/a – *deserted*
desmayarse – *to faint*
desobediente – *disobedient*

despacio – *slowly*
despedirse (i) – *to say goodbye/to take one's leave*
despegar – *to take off (plane)*
despertarse (ie) – *to wake up*
después – *after/afterwards*
con destino a – *to/towards*
detrás de – *behind*
el día – *day*
al día siguiente – *on the following day*
buenos días – *good morning*
quince días – *fortnight*
todo el día – *all day*
el diamante – *diamond*
diario/a – *daily*
dice – *s/he says*
dicen – *they say*
diciembre – *December*
la dieta – *diet*
difícil – *difficult*
la dificultad – *difficulty*
¡diga! – *Hello, yes. . .? (especially on the phone)*
Dinamarca – *Denmark*
el dinero – *money*
Dios – *God*
¡Dios mío! – *My God!*
directamente – *directly*
el director – *director/headmaster*
dirigirse – *to go towards*
el disco – *record*
la discoteca – *discotheque*
discutir – *to argue*
el/la doctor/a – *doctor*
el dólar – *dollar*
doler (ue) – *to be in pain/to hurt*
el dolor – *pain*
domingo – *Sunday*
¿dónde? – *where*
dormir (ue) – *to sleep*
el dormitorio – *bedroom*
durante – *during*
durar – *to last*
durmiendo – *sleeping*
duro/a – *hard*

E

la edad – *age*
Edinburgo – *Edinburgh*
Egipto – *Egypt*
egoísta – *selfish*
el ejército – *army*
el – *the (masc)*
él – *he*
el elefante – *elephant*
ella(s) – *she/they (fem)*
ellos – *they (masc)*
la embajada – *embassy*
embalado/a – *packed*
empanado/a – *covered in breadcrumbs and fried*
empujar – *to push*

en – *in/on*
encima – *on top of*
encontrar (ue) – *to find*
encontrarse (ue) en – *to find oneself in*
endeble – *weak/frail*
enero – *January*
enfadado/a – *annoyed*
el/la enfermero/a – *nurse*
enfermo/a – *ill*
enorme – *enormous*
la ensalada – *salad*
entender (ie) – *to understand*
entonces – *then*
la entrada – *entrance/ticket*
entrar – *to enter*
entre – *between*
la entrevista – *interview*
enviar – *to send*
el equipo – *team*
es – *s/he/it is*
las escaleras – *stairs*
escaparse – *to escape*
escocés/a – *Scottish*
escondido/a – *hidden*
la escopeta – *gun*
escribir – *to write*
escribir a máquina – *to type*
¡escúchame! – *listen to me!*
escuchar – *to listen to*
la escuela – *school*
ese – *that (with masculine nouns)*
a eso de – *about (in terms of time)*
esos – *those (with masculine nouns)*
España – *Spain*
español/a – *Spanish*
especial – *special*
especialmente – *especially*
el espectador – *spectator*
espeluznante – *horrifying*
la sala de espera – *waiting room*
esperar – *to hope/to wait/to await/to expect*
esta/s – *this/these (with feminine nouns)*
¡ya está! – *that's it/that is enough*
la estación – *season/railway station*
el estadio – *stadium*
Los Estados Unidos – *the United States of America*
estadounidense – *citizen of the U.S.A.*
la estantería – *book shelf*
estar – *to be*
estar de vacaciones – *to be on holiday*
este – *this (with masculine nouns)*
el estómago – *stomach*
estos – *these (with masculine nouns)*
estrecho/a – *narrow*
la estrella – *star*
el estudiante – *student*
estudiar – *to study*

estúpido/a – *stupid*
el examen – *examination*
el éxito – *success*
explicar – *to explain*
extraordinario/a – *extraordinary*

F

fácil – *easy*
fácilmente – *easily*
la falda – *skirt*
la familia – *family*
famoso/a – *famous*
el fantasma – *ghost*
fantástico/a – *fantastic*
la farmacia – *chemist's shop*
por favor – *please*
febrero – *February*
la fecha – *date*
feliz cumpleaños – *happy birthday*
felizmente – *happily*
fenomenal – *tremendous*
feo/a – *ugly*
el ferrocarril – *railway*
la fiesta – *party*
fijar – *to stick (posters)*
la fila – *row*
el fin – *end*
flamenco/a – *flamenco*
la flecha – *arrow*
la flor – *flower*
la fotografía – *photograph*
fotográfico/a – *photographic*
francés/a –*French*
Francia – *France*
fresco/a – *fresh, cool*
el frío – *cold*
hace frío – *it is cold*
(tengo) frío – *(I am) cold*
frito/a – *fried*
el frontón – *pelota (court)*
la fruta – *fruit*
fuera – *outside*
funcionar – *to work properly/to function*
el fútbol – *football*
el futbolista – *footballer*

G

el galgo – *greyhound*
la gamba – *prawn*
ganar – *to win*
la gaseosa – *lemonade*
gastar – *to spend*
el gazpacho – *cold vegetable soup*
el general – *military general*
la gente – *people*
el gigante – *giant*
La Giralda – *bell tower of Seville cathedral*
el gobierno – *government*
el golf – *golf*
gracias – *thank you*

grande – *big*
gris – *grey*
gritar – *to shout*
el grupo – *group*
el guante – *glove*
guapo/a – *handsome/beautiful*
el guardarropa – *wardrobe*
el guardia – *guard*
de guardia – *on guard*
la guía telefónica – *telephone directory*
el guisante – *pea*
me gusta(n) – *I like it/them*
te gusta(n) – *you like it/them*
gustar – *to please*
Grecia – *Greece*
griego/a – *Greek*

H

La Habana – *capital city of Cuba*
había – *there was/there were*
la habitación – *room*
hablar – *to speak*
¡ni hablar! – *out of the question!*
hacer – *to do, to make*
hacia – *towards*
haciendo – *doing*
el hambre – *hunger (fem)*
(tengo) hambre – *(I am) hungry*
hay – *there is/there are*
¿qué hay? – *what is going on?/how are things?*
La Haya – *capital city of Holland*
el hebreo – *Hebrew language*
la herencia – *inheritance*
herido/a – *wounded*
el/la hermano/a – *brother/sister*
los hermanos – *brothers/brothers and sisters*
el/la hijo/a – *son/daughter*
la historia – *story/history*
¡Hola! – *hello!*
holandés/a – *Dutch*
el hombre – *man*
el hombro – *shoulder*
la hora – *hour/time*
horrible – *horrible*
¡qué horror! – *how awful!*
el hospital – *hospital*
el hotel – *hotel*
el hoyo – *hole*

I

de ida – *single ticket*
de ida y vuelta – *return ticket*
la idea – *idea*
el idioma – *language*
la iglesia – *church*
el impermeable – *raincoat*
implorar – *to plead*
no importa – *it does not matter*
importante – *important*
imposible – *impossible*

inconsciente – *unconscious*
indio/a – *Indian*
una infinidad – *a huge number*
el ingeniero – *engineer*
Inglaterra – *England*
el ingrediente – *ingredient*
inmediatemente – *immediately*
inteligente – *intelligent*
interesante – *interesting*
interesar – *to interest*
interior – *interior*
internacional – *international*
intranquilo/a – *anxious*
el invierno – *winter*
ir – *to go*
ir a pie – *to walk*
ir se – *to go away*
irlandés/a – *Irish*
israelí – *Israeli*
italiano/a – *Italian*
izquierdo/a – *left*

J

jamaicano/a – *Jamaican*
el jamón – *ham*
el jardín – *garden*
la jarra – *jug*
el jersey – *jumper*
Jerusalén – *capital city of Israel*
el/la joven – *young person*
la judía – *bean*
jueves – *Thursday*
el jugador – *player*
jugar (ue) – *to play*
julio – *July*
junio – *June*
junto/a – *together*
justo/a – *exact/just/fair*
juvenil – *youthful*
la juventud – *youth*

K

el kilómetro – *kilometre*

L

la(s) – *the (feminine)*
laborable – *working (adj)*
al lado de – *beside*
ladrar – *to bark*
el ladrón – *thief*
largo/a – *long*
lavar (los platos) – *to wash (dishes)*
lavar (se) – *to wash (oneself)*
la leche – *milk*
leer – *to read*
el legumbre – *vegetable*
lejos – *far*
el león – *lion*
la letra – *letter (of the alphabet)*
levantarse – *to get up*
el libro – *book*

ligero/a – *light (weight)*
Lima – *capital city of Peru*
la limonada – *lemonade*
la limosna – *alms/charity*
limpio/a – *clean*
la línea – *line, row*
Lisboa – *capital city of Portugal*
loco/a – *mad*
Londres – *capital city of England*
el loro – *parrot*
los – *the (masculine plural)*
luego – *then/later*
el lugar – *place*
la luna – *moon*
lunes – *Monday*

la llamada – *call*
llamar – *to call*
llamarse – *to be called*
la llave – *key*
llegar – *to arrive*
lleno/a – *full*
llevar – *to carry/wear*
llevarse – *to take away*
llorar – *to weep*
la lluvia – *rain*

M

la madre – *mother*
Madrid – *capital city of Spain*
la madrugada – *dawn*
el maíz – *corn*
mal – *badly*
la maleta – *suitcase*
malo/a – *bad*
mamá – *mum*
Managua – *capital city of Nicaragua*
mandar – *to send*
la mano – *hand*
la manta – *blanket*
la mantequilla – *butter*
la mañana – *morning*
mañana – *tomorrow*
por la mañana – *in the morning*
a la mañana siguiente – *on the following morning*
el mapa – *map*
maquillarse – *to put on make-up*
maravilloso/a – *wonderful*
el marido – *husband*
marrón – *brown*
marroquí – *Moroccan*
Marruecos – *Morocco*
martes – *Tuesday*
marzo – *March*
más – *more*
más o menos – *more or less*
las matemáticas – *mathematics*
(de) máxima seguridad – *maximum security*
mayo – *May*
la mayonesa – *mayonnaise*

	mayor – *elder*
y	media – *half past . . .*
la	medianoche – *midnight*
las	medias – *tights/stockings*
la	medicina – *medicine*
el	médico – *doctor*
	medio/a – *half*
el	mediodía – *midday*
la	mejilla – *cheek*
	mejor – *better*
la	memoria – *memory*
	mendigar – *to beg*
el	mendigo – *beggar*
	menor – *younger/smaller*
	menos – *less/minus*
	menos que nunca – *less than ever*
	mentir (ie) – *to lie*
el	menú – *menu*
el	mercado – *market*
la	merienda – *afternoon tea*
la	mermelada – *jam*
el	mes – *month*
la	mesa – *table*
la	mesita – *bedside table*
el	metal – *metal*
el	metro – *underground*
la	Mezquita – *mosque in Cordoba*
	mi (s) – *my*
para	mí – *for me*
el	miedo – *fear*
(tengo)	miedo – *(I am) afraid*
	mientras tanto – *meanwhile*
	miércoles – *Wednesday*
	mil – *one thousand*
el/la	minero/a – *miner*
el	ministro – *minister*
el	minuto – *minute*
	mío – *mine*
	¡ mira! –*look!*
	mirar – *to look*
	mismo/a – *same*
la	mitad – *half*
	mixto/a – *mixed*
la	moda – *fashion*
	moderno/a – *modern*
el	momento – *moment*
la	moneda – *coin*
el	monstruo – *monster*
la	montaña – *mountain*
	Montevideo – *capital city of Uruguay*
	morado/a – *purple*
	morir (ue) – *to die*
	Moscú – *capital city of the USSR*
la	moto(cicleta) – *motor bike*
	mucho/a – *a lot (of)*
	muchos/as – *many*
la	muela – *tooth*
la	mujer – *woman/wife*
la	multa – *fine to be paid*
	municipal – *municipal, public*
la	muñeca – *wrist*
la	música – *music*

| | muy – *very* |

N

	nacional – *national*
	nada – *nothing*
¡de	nada! – *don't mention it!*
	nadar – *to swim*
	nadie – *no-one*
la	naranja – *orange*
	naranja – *orange (adj)*
la	nariz – *nose*
la	natación – *swimming*
	necesario/a – *necessary*
	necesitar – *to need*
	negro/a – *black*
	neozelandés/a – *New Zealander*
	nevar (ie) – *to snow*
	ni . . . ni – *neither/nor*
el/la	niño/a – *child*
	no – *no/not*
la	noche – *night*
buenas	noches – *good night*
de	noche – *at night*
por la	noche – *at night*
toda la	noche – *all night*
	normalmente – *normally*
el	norte – *north*
	nosotros – *we*
la	nota – *note*
	nota – *s/he notices*
	notar – *to notice*
las	noticias – *news*
	novecientos/as – *nine hundred*
la	novela – *novel*
	noveno/a – *ninth*
	noventa – *ninety*
	noviembre – *November*
el/la	novio/a – *boyfriend/girlfriend*
	nuestro/a/os/as – *our*
	Nueva York – *New York*
	Nueva Zelanda – *New Zealand*
	nuevo/a – *new*
el	número – *number*
	nunca – *never*

O

	o – *or*
	obedecer – *to obey*
	octavo/a – *eighth*
	octubre – *October*
	ochenta – *eighty*
	odiar – *to hate*
la	oficina – *office*
el	oficio – *job*
el	oído – *ear*
el	ojo – *eye*
	olvidar – *to forget*
la	operación – *operation*
	operar – *to operate*
	opinar – *to think (opinion)*
¿qué	opinas? – *what do you think?*
	oportuno/a – *opportune*

	ordenar – *to order, arrange*
el	oro – *gold*
el	otoño – *autumn*
	otro/a – *other*
	¡oye! – *Hey!/Listen!*
el	oyente – *radio listener*

P

el	padre – *father*
los	padres – *fathers/parents*
la	paella – *paella (rice dish)*
	pagar – *to pay*
el	país – *country*
la	palabra – *word*
el	palacio – *palace*
el	pan – *bread*
	panameño/a – *Panamanian*
los	pantalones – *trousers*
el	paño – *cloth*
el	pañuelo – *hankerchief*
	papá – *dad*
el	papel – *paper*
	para – *for/in order to*
	parado/a – *unemployed*
el	paraguas – *umbrella*
	paraguayo/a – *Paraguayan*
	parar – *to stop*
	parecer – *to seem*
la	pared – *wall*
	París – *capital city of France*
el	paro – *unemployment*
en	paro – *unemployed*
el	parque – *park*
la	parte – *part*
	particular – *private*
el	partido – *match (of football etc.)*
¿qué	pasa? – *What's going on?*
el	pasajero – *passenger*
el	pasaporte – *passport*
	pasar – *to spend time/to happen/to hand over*
	pasar frío – *to be cold*
	pasar hambre – *to suffer from hunger*
el	pasatiempo – *hobby*
	pasearse – *to go for a stroll*
la	patata – *potato*
la	paz – *peace*
La	Paz – *capital city of Bolivia*
el	pecho – *chest*
	pedir (i) – *to ask for*
	peinarse – *to comb*
el	peine – *comb*
en gran	peligro – *in great danger*
	peligroso/a – *dangerous*
el	pelo – *hair*
la	pelota vasca – *Basque ball game*
el	pensamiento – *thought*
	pensar (ie) – *to think*
lo	peor es . . . – *the worst thing is . . .*
	pequeño/a – *small*
	perder (ie) – *to lose*
el	periodista – *journalist*

el	permiso – *permission*
	permitir – *to allow*
	pero – *but*
el	perro – *dog*
la	persona – *person*
	peruano/a – *Peruvian*
	pesado/a – *heavy*
	pesar – *to weigh*
el	pescado – *fish*
la	peseta – *peseta (Spanish currency)*
	picante – *spicy*
los	picarones – *Peruvian doughnuts*
el	pie – *foot*
ir a	pie – *to go on foot*
la	pierna – *leg*
la	pieza – *piece*
el	piloto – *pilot*
el	pincho – *kebab*
	pintar – *to paint*
	pisar – *to step on*
la	piscina – *swimming pool*
la	plancha – *iron/hot plate*
a la	plancha – *cooked on a hot plate*
	plantar – *to plant*
el	plato – *plate/dish*
	pobre – *poor*
la	pobreza – *poverty*
	poco/a – *few/a little*
	poco después – *a short time afterwards*
	poder (ue) – *to be able to . . .*
	polaco/a – *Polish*
la	policía – *police*
	Polonia – *Poland*
el	pollo – *chicken*
	poner – *to put/to set (the table)*
	popular – *popular*
	por – *for/on behalf of*
	por causa de – *because of*
	por ciento – *per cent*
	por favor – *please*
	¿por qué? – *why?*
	porque – *because*
	portugués/a – *Portuguese*
	posible – *possible*
la	postal – *postcard*
el	postre – *dessert*
el	precio – *price*
	precioso – *precious (metal)*
	preferido/a – *preferred/favourite*
	preguntar – *to ask*
	preparar – *to prepare*
en	presencia de – *in the presence of*
el	presidente – *president*
la	primavera – *spring*
	primer – *first (before masc noun)*
	primeramente – *first of all*
	primero/a – *first*
de	primero – *for first course*
el/la	primo/a – *cousin*
	principal – *main*
el	problema – *problem*
la	profesión – *profession*

el/la profesor/a – *teacher*
prohibido/a – *forbidden*
de pronto – *suddenly*
protestar – *to protest*
el pueblo – *town, people (nation)*
¡no puede ser! – *it cannot be!*
¡ya no puedo más! – *I can't stand it any more!*
la puerta – *door*
puertorriqueño/a – *Puerto Rican*

Q

¿qué? – *what?*
que – *that/which*
¡qué va! – *no way!*
querer (ie) (+ a) – *to want (to love)*
querido/a – *dear*
el queso – *cheese*
¿quién? – *who?*
quieres – *you want*
quiero – *I want*
quince días – *fortnight*
quinientos/as – *five hundred*
quinto/a – *fifth*
el quiosco – *kiosk*
el quirófano – *operating theatre*
Quito – *capital city of Ecuador*

R

la radio – *radio*
rápidamente – *quickly*
rápido/a – *quick*
El Rastro – *Madrid market*
el rato – *a while*
al rato – *a short time later*
realmente – *really*
la recepción – *reception*
recibir – *to receive*
recuperar – *to recover*
regalar – *to give a present*
el regalo – *present*
regular – *so, so!/scheduled (flight)*
reinar – *to reign*
el reloj – *watch/clock*
RENFE – *Spanish Railways*
reponerse – *to recover*
reservar – *to reserve*
resistir – *to bear, resist*
resolver (ue) – *to resolve*
la respiración – *breathing*
respirar – *to breathe*
el restaurante – *restaurant*
reunir/se – *to gather/get together*
el rey – *king*
los reyes – *kings/king and queen*
el riachuelo – *stream*
rico/a – *rich*
el rincón – *corner*
el río – *river*
rodeado/a – *surrounded*
la rodilla – *knee*
rojo/a – *red*

ronco/a – *deep*
la ropa – *clothes*
rosa – *pink*
la rueda – *wheel*
el rugby – *rugby*
el ruido – *noise*
el/la ruso/a – *Russian*

S

sábado – *Saturday*
saber – *to know*
sacar – *to take out*
el saco – *sack*
la sala – *room/ward*
la sala de espera – *waiting room*
las salchichas – *sausages*
las salchipapas – *sausages mixed with potatoes*
la salida – *departure/exit*
la salsa – *sauce*
saltar – *to jump*
Santiago de Chile – *capital city of Chile*
santo/a – *holy*
la Santa Biblia – *the Holy Bible*
la sardina – *sardine*
el/la secretario/a – *secretary*
la sed – *thirst*
(tengo) sed – *(I am) thirsty*
la seda – *silk*
en seguida – *immediately*
segundo/a – *second*
seguramente – *surely*
seguro/a – *sure*
seiscientos/as – *six hundred*
el sello – *stamp*
la semana – *week*
sentado/a – *sitting*
sentarse (ie) – *to sit down*
(el) señor – *Mr/Sir/gentleman/man*
(la) señora – *Mrs/Madam/lady/wife*
septiembre – *September*
séptimo/a – *seventh*
ser – *to be*
el servicio – *toilet, service*
servocroata – *Serbo-Croat*
sesenta – *sixty*
setecientos/as – *seven hundred*
setenta – *seventy*
sexto/a – *sixth*
si – *if*
sí – *yes*
siempre – *always*
lo siento – *I'm sorry*
al día siguiente – *on the following day*
el silencio – *silence*
la silla – *chair*
simpático/a – *kind*
simplemente – *just, simply*
sin – *without*
la sinagoga – *synagogue*
sino – *(not) . . . but*

la situación – *situation*
las sobras – *leftovers*
el/la sobrino/a – *nephew/niece*
¡Socorro! – *Help!*
el sol – *sun*
solamente – *only*
el soldado – *soldier*
solo/a – *single* (el café solo – *black coffee*)
sólo – *just/only*
el sombrero – *hat*
son – *they are*
son las . . . – *it is . . . o'clock*
la sopa – *soup*
su (s) – *his, her, their*
sufrir – *to suffer*
Suiza – *Switzerland*
el sur – *south*

T

la tabla – *chess board*
el tacón – *heel*
también – *also/as well*
tanto/a – *so much*
tantos/as – *so many*
tapado/a – *covered*
la taquilla – *ticket office*
tarde – *late*
la tarde – *afternoon*
buenas tardes – *good afternoon/evening*
por la tarde – *in the afternoon*
el taxi – *taxi*
el taxista – *taxi driver*
la taza – *cup*
el té – *tea*
el teatro – *theatre*
la telaraña – *cobweb*
telefónico/a – *telephone (adj)*
el teléfono – *telephone*
la televisión – *television*
temprano/a – *early*
tener (ie) – *to have*
tener dificultades – *to have difficulties*
tener fuerzas – *to be strong enough*
tener permiso – *to have permission*
tener que – *to have to . . .*
el tenis – *tennis*
tercer/o/a – *third*
terminar (de) – *to finish*
la ternera – *veal*
el tesoro – *treasure*
el tiempo – *weather/time*
la tienda – *shop*
el timbre – *door bell*
tinto – *red wine*
el/la tío/a – *uncle/aunt*
típico/a – *typical*
el tobillo – *ankle*
el tocadiscos – *record player*
todo/a/os/as – *all*
tomar – *to take*

tomar una copa – *to have a drink*
el tomate – *tomato*
la tormenta – *storm*
el toro – *bull*
la tortilla – *Spanish omelette*
la tortuga – *tortoise*
las tostadas – *toast*
trabajar – *to work*
el trabajo – *workplace*
tranquilo/a – *peaceful, calm*
tratarse de – *to be about*
treinta – *thirty*
el tren – *train*
el trigo – *wheat*
triste – *sad*
tu (s) – *your*
tú – *you (sing)*
turco/a – *Turkish*
Turquía – *Turkey*
tuyo/a (s) – *yours*

U

último/a – *last/latest/final*
un/a – *a/an*
undécimo/a – *eleventh*
el uniforme – *uniform*
unos/as – *some*
urgentemente – *urgently*
uruguayo/a – *Uruguayan*

V

las vacaciones – *holidays*
ir de vacaciones – *to go on holiday*
vacío/a – *empty*
¡vamos! – *let's go!*
¡vamos a ver! – *let's see!*
los vaqueros – *jeans*
Varsovia – *capital city of Poland*
vasco/a – *Basque*
el vaso – *glass*
la venda – *bandage*
vendado/a – *bandaged*
vender – *to sell*
venezolano/a – *Venezuelan*
la ventana – *window*
ver – *to see*
¡a ver! – *let's see!*
el verano – *summer*
verde – *green*
la vez – *time, occasion*
una vez al día – *once a day*
una vez a la semana – *once a week*
viajar – *to travel*
el viaje – *journey*
el viajero – *traveller*
la vida – *life*
Viena – *capital city of Austria*
viernes – *Friday*
el vino – *wine*
vive – *he/she lives*
vivir – *to live*

vivo – *I live*
volver (ue) – *to return*
volver en sí – *to come to/to regain consciousness*
vosotros/as – *you (pl)*
la voz – *voice*
el vuelo – *flight*
la vuelta – *return*
a la vuelta – *on the way back*
vuestro/a (s) – *your*

Y

y – *and*
ya – *now, already*
yo – *I*

Z

la zapatilla – *slipper*
el zapato – *shoe*
el zumo – *juice*